Louis BARBAY

Histoire d'Argentan

Préface de M. H. TOURNOÜER

PRÉSIDENT DE LA SOCIÉTÉ HISTORIQUE ET ARCHÉOLOGIQUE DE L'ORNE

ARGENTAN

A. LEJEUNE, ÉDITEUR

1, Place Henri-IV

1922

Louis BARBAY

Histoire d'Argentan

Préface de M. H. TOURNOÜER

PRÉSIDENT DE LA SOCIÉTÉ HISTORIQUE ET ARCHÉOLOGIQUE DE L'ORNE

ARGENTAN

A. LEJEUNE, ÉDITEUR

1, Place Henri-IV

1922

OUVRAGES DU MÊME AUTEUR

(En vente à la Librairie LEJEUNE, place Henri IV)

Histoire de la Télégraphie à Argentan, ouvrage honoré d'une souscription du Ministère des Postes et des Télégraphes. — Extrait des Bulletins de la Société historique de l'Orne.

Histoire de la Poste à Argentan, ouvrage honoré d'une souscription du Ministère des Postes et des Télégraphes. — Extrait des Bulletins de la Société historique de l'Orne.

PRÉFACE

Mon cher Confrère,

Je veux voir surtout dans l'honneur que vous me
faites de mettre mon nom en tête de ce volume une
marque de déférence et de sympathie à l'égard d'une
Société à laquelle vous appartenez. Assurément, une
Compagnie comme la nôtre, qui a derrière elle un long
passé d'érudition et qui se flatte d'écrire l'histoire de
son pays, selon la conscience et la vérité, ne peut que
vous savoir gré d'une œuvre qui répond si bien à ses
aspirations. Vous avez donc eu raison de réclamer son
appui.

Bien qu'elle ne fût pas neuve — et par cela même
— la tâche que vous avez entreprise était ardue.
Il vous a fallu, en effet, dégager de travaux antérieurs
une monographie aussi complète et en même temps
aussi concise que possible, synthétiser, comparer,
vérifier les textes, grouper les faits de façon à faire
passer sous les yeux de vos compatriotes, en une sorte
de panorama, depuis les temps les plus reculés, tour
à tour les souvenirs, les événements, les édifices, les
usages et les coutumes, animés par les seigneurs et

les grandes personnalités qui apportèrent à l'antique cité leur valeur et leur dévouement.

Argentan pouvait tenter votre plume. Son vieux donjon, que la Municipalité a eu récemment l'heureuse inspiration d'acquérir pour le sauvegarder, son tribunal coiffé d'une puissante et merveilleuse carène de vaisseau, ses églises flamboyantes rivalisant d'art et de beauté, son curieux sanctuaire roman de Notre-Dame-de-la-Place, ses demeures du xviiie siècle, ses dentelles renommées, ses pieuses institutions, ses mystères, ses passages de souverains, les noms fameux si intimement liés à sa vie, tels les historiens Mézeray et Marin Prouverre, le littérateur Lautour, Antoine Boirel, le chirurgien, les poètes Chrétien des Croix et Gustave Le Vavasseur, la bienheureuse Marguerite de Lorraine, toutes ces choses et toutes ces physionomies sont autant d'attraits qui devaient vous séduire. Elles captiveront aussi vos lecteurs qui éprouveront en vous lisant de légitimes fiertés. Ils apprendront non sans satisfaction que leur ville a tenu bon rang en Normandie, qu'elle y fit noble figure et que ce n'est pas en vain que depuis des siècles, ses trois gracieux clochers se dressent, en manière de cathédrales, au-dessus des logis d'autrefois qui se serrent encore autour d'eux. Par vous, ils goûteront ainsi le charme du passé, ils aimeront davantage, s'il se peut, leur petite patrie et ils travailleront avec plus de zèle à en ranimer les ardeurs.

L'histoire locale est celle qui va directement au cœur d'un pays. Elle en fouille les moindres replis et si, parfois, elle dévoile des souvenirs qui ne sont pas toujours bons à réveiller, elle sait, en revanche, mettre en valeur des vertus et des actes qui rachètent certaines faiblesses et les dominent.

Votre œuvre impartiale est à l'honneur d'Argentan et l'on sent que vous l'avez conçue et réalisée avec toute votre âme : c'est ce qui lui assurera son succès.

Votre tout dévoué Président,

H. TOURNOUER.

Saint-Hilaire-des-Noyers, 1ᵉʳ août 1921.

HISTOIRE D'ARGENTAN

CHAPITRE PREMIER

Origines

A quelle époque devons-nous faire remonter les origines de la ville d'Argentan ?

L'historien n'a pu, jusqu'à présent, répondre à cette question avec certitude ; néanmoins, il n'hésite pas à déclarer que cette ville est fort ancienne.

Voici quelques opinions particulièrement intéressantes :

Simon Prouverre, prêtre d'Argentan, dans son Histoire du diocèse de Sées, *dit que les historiens latins donnaient différents noms à cette ville ; les uns l'ont appelée* Argentariæ, *lieu où l'on fait la monnaie ; d'autres, avec M. de La Force,* Argentomum Castrum, Ara Gentis, Arx Gentana. *Selon Marin Prouverre, ce dernier nom serait celui qu'elle aurait conservé depuis, car celui d'Argentan n'est que la corruption des deux mots romains dont on a supprimé la dernière lettre.*

Le même auteur croit que le nom primitif d'Argentan était celtique ; que la prononciation en a été adoucie ou corrompue par les Romains. Il ajoute que cette ville existait bien avant César.

M. de La Force prétend qu'elle fut nommée Ara Gentis pour exprimer que c'était en ce lieu qu'était placé l'autel de la nation. Ce nom, dit-il, lui fut donné par les Romains, car Argentan, du temps des druides, était un point assez important que ces prêtres avaient choisi pour célébrer leurs mystères.

(*Histoire d'Argentan et de ses environs*, par Germain, pages 9 et 10.)

Un manuscrit fait remonter l'origine d'Argentan à quelques siècles après le déluge :

Comme la ville de Rouen, celle d'Argentan aurait pour fondateur ce célèbre Magus qui bâtit, dit-on, dans les Gaules, plus de quatre cents villes, auxquelles il donna son nom. Aussi Rouen, comme Argentan, dit l'auteur du manuscrit, sont-ils appelés par la plupart des anciens écrivains, l'un Rothomagum et l'autre Argenthomagum. Or, comme dans la composition de ces deux mots celui de leur fondateur, Magus, se trouve reproduit à la suite de ceux des deux idoles Roth ou Rotho, Argenth ou Argentho, qui étaient honorées en ces lieux, le même auteur conclut alors que Rouen et Argentan ont tous les deux la même origine et la même antiquité. Mais il garde le silence à l'endroit de l'idole Argenth ou Argentho, dont on ne trouve nulle part aucune trace. Aussi ne doit-on point passer pour trop rétif si l'on ne partage pas cette opinion qui nous paraît un peu hasardée. Cependant on a longtemps écrit Argenthen, qui n'est pas sans analogie avec les deux noms précités.

(*Recherches historiques sur Argentan*, par Pigeon page 6.)

Il est utile de rapprocher du passage ci-dessus, relatif au conquérant *Magus*, les deux appréciations qu'on va lire :

Le règne de ce grand bâtisseur de villes, que Bérose place trois cents ans après le déluge, nous paraît très fabuleux ; plusieurs siècles après ce prétendu roi des Gaules, cette partie du globe était encore déserte et les Celtes ou Gaulois, peuple nomade, ne commencèrent à se bâtir des villes que longtemps après leur établissement dans le pays.

(Page 1 du Manuscrit de M. de Colleville, pro
priété de la bibliothèque municipale d'Ar
gentan.)

Le nom primitif de Rouen est Rotomagus, *celui de* Caen *doit avoir une forme analogue et être* Catomagus *ou mieux* Catumagus. — Magus, *si commun dans la topomonastique gauloise, signifie « champ » ; quant à* Catus *il signifie combat, bataille;* Catumagus *signifie donc « le champ de combat ».*

(Communication faite à la Sorbonne, au Congrès
des Sociétés savantes, en 1895, par M. Charles
Joret, professeur à la faculté des lettres d'Aix.)

Ainsi que celles qui précèdent, l'opinion suivante n'est pas dépourvue d'intérêt :

Venus de la Sogdiane par groupes de deux à trois cent mille, les Celtes marquèrent leur passage par des dénominations tirées des racines de leur langue. C'est ainsi qu'Argentan fut, par eux, nommé Argentana du celtique Ar qui signifie région. Ex.: Ar-mor-ike, pays maritime, Ar-gonn-ia, pays des défilés, etc...

Dans le panthéon indien, la divinité qui préside aux cours d'eau porte un nom terminé par la syllabe na *et a fait donner à beaucoup de rivières de l'Indoustan des appellations terminées par la même désinence. Or, cette même racine sanscrite, dont l'usage est consacré dans l'Inde, était employée dans toute la Gaule un demi-siècle avant Jésus-Christ par tous les peuples celtiques pour désigner pareillement les rivières. Au temps de César, les tribus gauloises appelaient :* la Seine : *Sequa-na,* la Mayenne : *Medua-na,* l'Orne : *Oli-na.*

Ar-genta-na signifierait donc, en langage celtique, pays au bord de l'eau habité par des étrangers, genta *ayant la signification du mot* gentil *employé par les auteurs bibliques pour désigner le reste de l'humanité.*

(Les Hogues, par Nobis et Rousseau, page 3.)

On prétend aussi qu' « Argentan » provient, comme le mot « argent », du mot grec *arguros*, dont le radical signifie « blanc ».

La couleur de ses terrains et de ses calcaires semble étayer cette opinion que l'ancienne appellation d'Argentan : « Château-Blanc-sur-Orne », signalée par divers auteurs, paraît corroborer.

Autres ont dit qu'anciennement Argentan s'appelait « Château-Blanc-sur-Orne », ab albo colore villa blanca...

(Abrégé des choses mémorables de la ville d'Argentan,
par Mannoury. Page 310 de l'Annuaire de
l'Orne pour l'année 1864.)

Savoir, par exemple, que « arguros », *dont le radical signifie* blanc, *a donné le mot* argent, *c'est deviner que* Argentan *signifie le* « pays blanc », *le terrain blanchâtre par sa marne et ses pierres à chaux* (1).

(Discours prononcé, le 13 juillet 1921, à Argentan,
par M. Gastebois, principal du collège Mézeray.)

Enfin, dans *Une curieuse étymologie d'Argentan,* étude éditée en 1921, M. Xavier Rousseau écrit, page 4 :

Le Père Julien Bach a publié, en 1864, un opuscule qui commence ainsi : « *Un mot gaulois m'a servi de* « *guide lorsque j'ai voulu faire des recherches sur la* « *véritable origine de plusieurs villes de France, et ce* « *mot, je me hâte de le dire, c'est celui qu'employaient* « *nos ancêtres pour désigner les oies sauvages ; seul,* « *il m'a donné la clef d'une difficulté archéologique* « *laissée jusqu'à présent dans la catégorie des inso-* « *lubles.* »
Gautae était le nom des oies ; c'est le gans *des Alle-mands.*

Or, les Romains étaient friands de foies gras et d'oies grasses. Martial pousse un cri d'admiration en voyant un foie gras tellement gonflé par un bain de lait qu'il est, dit-il, « *plus gros que l'animal même* ».
Nos ancêtres eurent l'idée économique de vendre au peuple-roi ce qu'il aimait. Ils organisèrent des fermes spéciales pour préparer ces provisions de commerce, Ar-gentan, par exemple, et Ar-genteuil. *Ils observèrent les stations favorites de l'animal ou ses points de pas-sage ; c'était* Ar-gent-ré *ou* Ar-gent-orat *(car le mot* rat *voudrait dire passage, route). Bref, les Gaulois envoyèrent aux Romains une grande quantité de ces . victuailles, que ceux-ci achetèrent, sans autrement*

(1) **Argent**homagum signifierait alors **C**hamp-blanc (v. p. 3).

s'inquiéter ni des villages qui les préparaient, ni du nom de ces villages.

La plupart des opinions qui précèdent, ainsi que plusieurs autres que nous n'avons pas reproduites dans la crainte d'être fastidieux, permettent de supposer qu'Argentan existait au temps des premiers Gaulois, soit environ quinze cents ans avant Jésus-Christ.

Il n'est pas impossible que sa fondation remonte à une époque plus lointaine encore, car la région argentanaise fut occupée par l'homme dès les temps préhistoriques de la pierre polie (1), de nombreux monuments mégalithiques en font foi.

Nous ne citerons que les plus rapprochés :

Tumulus des Hogues à trois kilomètres environ à l'ouest d'Argentan.

Pierre Levée de Fontaines-les-Bassets, *Pierre Tournoire* de Montmerrei, *Pierre Levée* de Villedieu-les-Bailleul, *Menhir de la forêt de Gouffern.*

En outre :

Un dolmen gigantesque se trouvait au milieu du vieux cimetière d'Argentan, aujourd'hui place du Marché.

(Bulletin Flammarion, année 1884, page 134.)

(1) « Tout le département de l'Orne paraît n'avoir été peuplé qu'à l'époque de la pierre polie et des mégalithes. »

(Bulletins de la Société historique de l'Orne, année 1909, page 295.)

Il paraît qu'il y avait un dolmen dans le voisinage de l'église Saint-Germain.

(*Le Vieil Argentan*, par Eugène Vimont, page 108.)

Ajoutons qu'il a été trouvé sur le territcire de cette ville des lances, des dagues et des haches en silex parfaitement poli.

Qu'était Argentan à l'époque celtique ? Sous quel aspect l'imagination doit-elle se le représenter ? Les passages suivants répondent à cette question :

On croit assez généralement que, sous les Celtes, Argentan fut une enceinte religieuse *où les druides, leurs prêtres, avaient élevé des autels que les guerres et les constructions ont fait disparaître dans la suite.*

(*Recherches historiques sur Argentan*, par Pigeon, page 2.)

Il n'est pas douteux que cet emplacement a dû remplir toutes les conditions nécessaires à la célébration des mystères sanglants des druides. On sait que la plaine d'Argentan était encore, il y a quelques siècles, toute couverte de bois.

(Même ouvrage, page 6.)

Dans le quinzième siècle la forêt de Gouffern touchait encore aux portes d'Argentan.

(Même ouvrage, page 15.)

Que faut-il entendre par « enceinte religieuse » ?

L'*Histoire de France* de MM Bordier et Charton, si riche en détails sur l'époque celtique, nous renseigne à ce sujet :

*Il n'y avait pas d'autres habitations que les cabanes disséminées dans les bois, dans les campagnes, sur les eaux, et elles formaient tout au plus des bourgades. Les Gaulois, avant la conquête romaine, ne construisaient pas de monuments. Ils n'avaient point de villes. Ils se préparaient seulement sur des hauteurs escar*pées, ou dans des endroits boisés et marécageux, des enceintes fortifiées, *et lorsqu'un ennemi redoutable les menaçait, la population était avertie et recevait l'ordre d'aller s'enfermer dans ces forteresses. De vastes abatis d'arbres, des escarpements, des marais, en composèrent d'abord toute la défense extérieure ; puis ce furent des murailles de terre bordées d'un fossé. Ces refuges de guerre servaient, aussi, pour la plupart,* aux cérémonies religieuses, *aux réunions politiques et au commerce.*

(Pages 13 et 14.)

L'Argentan celtique ne fut donc, probablement, qu'une humble agglomération de cabanes plus ou moins rapprochées d'une enceinte sommairement défendue.

Ces cabanes, ordinairement de forme ronde, étaient surmontées d'un toit conique fait de chaume ou de fascines ; leurs murailles étaient de bois ou de pierres brutes jointes avec de la terre glaise ; parfois, aussi, elles se composaient de deux claies d'osier fixées à quelques centimètres l'une de l'autre et dans l'intervalle desquelles on pétrissait de l'argile et de la paille hachée.

La toiture descendait très bas, les architectes gagnaient de la hauteur en creusant le sol. On entrait par une petite rampe ménagée devant la porte. Le fond était battu, bien uni et sans humidité, la cavité étant toujours creusée sur un terrain perméable ou desséché par une fuite artificielle.

On rencontre encore aujourd'hui, sur notre sol, des traces de ces cabanes rondes que les Gaulois construisaient. Le bois, le chaume, l'argile ont disparu en peu d'années ; mais les excavations circulaires dont nous venons de parler subsistent en plusieurs endroits, surtout dans l'intérieur des forêts. Elles portent le nom de *margelles*, on les appelle aussi *fosses à loups*. Il en existe dans la forêt de Gouffern et dans la plaine qui s'étend entre la Butte des Hogues et le chemin vicinal qui conduit à Goulet.

Dans les contrées marécageuses les Celtes plantaient des pilotis, leur faisaient supporter des troncs d'arbres et installaient leurs habitations sur les plates-formes ainsi obtenues.

Les premiers Argentanais édifièrent, peut-être, des constructions de ce genre : on lit, en effet, dans *Le Vieil Argentan* de M. Eugène Vimont :

> *Selon quelques personnes, les prairies situées entre le quartier Saint-Martin et la rivière d'Orne, connues sous le nom de Marais, seraient l'emplacement d'habitations lacustres.*
>
> (Page 69.)

> *On nous a dit, d'autre part, que Saint-Martin devait être un lieu sacré au temps des habitations lacustres.*
>
> (Page 108.)

2

Des instruments d'agriculture et surtout des armes constituaient les meubles principaux de ces demeures primitives. Aussi, leurs occupants couchaient sur de la paille ou sur des feuilles.

Puisque nous avons parlé des premières habitations d'Argentan, nous devons dire quelques mots de ses premiers habitants :

Les Celtes avaient les yeux bleus et les cheveux blonds, mais hommes et femmes aimaient à se teindre la chevelure en rouge en la lavant avec de l'eau de chaux.

Les hommes étaient d'une taille et d'une force remarquables. Ils portaient un pantalon appelé *braie* serré à la taille et une blouse de laine appelée *saie* rayée de vives couleurs. Dans nos régions le pantalon était large et flottant.

A l'exception des guerriers, qui ne conservaient que de longues moustaches, les Gaulois laissaient croître leur barbe. Les chefs se coiffaient avec des dépouilles d'animaux sauvages : une tête de renard, par exemple.

Quant aux femmes gauloises, une taille élancée, des formes pleines et vigoureuses, une blancheur de marbre, étaient les traits caractéristiques de leur beauté.

Elles entretenaient la fraîcheur de leur teint à l'aide d'un parfum à base d'écume de bière.

Leur costume se composait ordinairement d'une ample tunique à larges plis, sans manches ou avec des manches longues et étroites, et d'une pièce d'étoffe attachée sur les hanches et tombant en forme de tablier. La tunique, rouge ou bleue, pour les femmes élégantes, laissait le haut de la poitrine découvert et descendait jusqu'aux pieds.

Gaulois et Gauloises portaient parfois des chaussures de peau mais le plus souvent des semelles de bois, de liège ou de cuir attachées à la jambe avec des courroies. Les pauvres, qui composaient la majeure partie de la population, marchaient pieds nus.

Hommes et femmes aimaient passionnément les bijoux ; ceux des riches et des hauts dignitaires étaient en or, ceux du peuple en bronze.

Mais le cadre de cette étude locale ne nous permet pas d'insister plus longuement sur les mœurs et les coutumes gauloises, que tous les cours d'histoire de France relatent d'ailleurs en détail.

CHAPITRE II

Epoque Gallo-Romaine

Vers l'an 56 ou 58 avant Jésus-Christ, Jules César entreprit la conquête de la Gaule. Quelques années plus tard il avait dompté toutes les résistances. Jamais il n'apparut dans la Normandie qui s'appelait alors « Seconde-Lyonnaise ». Ce fut son lieutenant Titurius-Sabinus ou Titurus-Sabinus qui l'y remplaça.

Les Romains ont laissé peu de traces de leur séjour dans notre contrée, des restes de camps ou de voies, des sépultures, des monnaies, des débris d'armes et de poteries sont les seules preuves que nous possédions de l'occupation de la Seconde Lyonnaise par les Romains.

Une voie romaine venant de Tours passait par Argentan où elle se divisait en deux branches, l'une allant à Alauna (1) près Valognes, l'autre conduisant à Lisieux. Elle traversait les prairies du Bain-Sacré (2). Le passage de l'Orne (ce cours d'eau s'appelait alors *Argenis*) s'effectuait en cet endroit dans la direction de l'église de Coulandon.

Près de l'église de Mauvaisville, on a découvert, il y a quelques années, plusieurs cercueils de pierre enfouis

---

(1) Aujourd'hui *Alleaume* et point terminus de la voie romaine dite *Chemin de la Dame-Blanche.*

(2) Ce fut, plus tard, le *chemin Rié.* Voir page 23.

*dans la terre et qui contenaient des ossements humains ;
ossements qui rappellent l'usage de l'antiquité d'enterrer
les morts le long des grands chemins. On sait que le*
chemin Rié, *dit chemin royal, qui passe prés de l'église
de Mauvaisville et de Coulandon, était, anciennement,
celui de Sées à Argentan.*

(*Manuscrit de Colleville*, page **112.**)

En 1777, on trouva, dans le faubourg du Croissant,
(dans le *champ de la Gaze*, près la croix de Coulandon),
un vase romain qui contenait un grand nombre
de médailles à l'effigie des empereurs Posthume
et Gallien.

En 1781, près de Sarceaux, quelques anneaux de
chevaliers romains et une médaille d'or de Valenti-
nien furent trouvés parmi des fragments de casques
et de boucliers.

En 1829, dans la forêt de Gouffern, près de Silly,
fut découvert un vase de terre cuite contenant sept
à huit cents médailles romaines.

On lit dans Marin Prouverre que les lieutenants
de César établirent sur le versant méridional d'Argentan un camp sédentaire (1) en tête duquel ils cons-
truisirent, sur le point culminant de la ville, une forteresse dont ils confièrent le commandement à un
nommé *Gentinus* ou *Gentanus*. De là seraient venus les
noms de *Arx-Gentina* ou *Arx-Gentana* (Forteresse

---

(1) Les Romains établirent des camps dans les Gaules pour servir
de stations ou lieux de repos à leurs armées en marche et d'asiles
aux soldats stationnaires qu'ils entretenaient dans les endroits les
plus reculés de l'empire pour la sûreté du commerce et des voyageurs.

de *Gentinus* ou de *Gentanus*) que les Romains donnèrent à ce lieu fortifié et d'*Argentonium castrum*
que porte la cité argentanaise dans beaucoup d'anciennes chartes.

Ce poste militaire, dit M. Pigeon, dans ses Recherches
historiques, *situé sur les bords de l'Orne, à l'endroit
même où la grande voie romaine de Valognes à Tours
bifurquait avec celle qui tendait à Lisieux, n'était pas
sans importance à cause de sa position topographique.
Aussi Puttinger l'a-t-il marqué dans ses tables de l'ancienne Gaule comme l'une des principales stations
militaires des troupes romaines.*

(Page 41.)

Ce que les Argentanais d'aujourd'hui appellent
encore « le donjon » serait-il, en partie, un reste de
cette forteresse romaine ?

Divers historiens l'ont supposé.

Nous lisons dans l'ouvrage de M. Pigeon :

*Quelques auteurs de manuscrits, qui ont fait des
recherches à l'effet de connaître l'origine de l'ancien
donjon dont une parcelle subsiste encore aujourd'hui,
prétendent qu'il a été construit par les Romains du
temps de Jules César, il y a tantôt dix-neuf cents ans,
ni plus ni moins.*

*Cette assertion nous paraît un peu hasardée parce
qu'elle n'est fondée que sur la tradition et sur certaines
preuves archéologiques plus ou moins concluantes.*

*Cependant, si l'on en croit quelques antiquaires qui
ont vu le donjon d'Argentan en son entier et qui nous
ont laissé des descriptions plus ou moins détaillées,*

il ne serait pas douteux que cette forteresse ne fut véritablement l'œuvre des Romains.

(Page 35.)

M. Guillochim, dans son étude sur le donjon d'Argentan, (1) dit ce qu'il pense de cette hypothèse :

La solidité du mortier employé pour la construction ayant suscité l'étonnement, on en fit l'analyse. Un certain archéologue crut y retrouver la composition du ciment en usage chez les Romains. Aussitôt, invoquant Vitruve et faisant état d'une opinion émise par Marin Prouverre qui pensait que les lieutenants de Jules César avaient autrefois établi une forteresse sur le versant méridional de la ville, notre savant estima que le donjon pouvait bien être d'origine romaine et le baptisa pompeusement « domus Julii ».

Nous n'insisterons pas sur la singularité de cette hypothèse qui se passe de commentaires.

Selon quelques historiens la citadelle romaine d'Argentan aurait été le centre du réseau de postes militaires qui entouraient cette place ; il est à remarquer, en effet, que de cet endroit les Romains pouvaient correspondre avec toutes les hauteurs environnantes au moyen de signaux et que tous les points élevés qui avoisinent Argentan ont été fortifiés par eux et traversés par leurs voies de communication.

On croit assez généralement que le druidisme fut remplacé dans Argentan par un culte moins barbare

(1) *Journal de l'Orne*, année 1920.

que les Romains y établirent en l'honneur de Junon et auquel succéda celui des premiers chrétiens pour la mère du Christ.

Nous prenons encore le passage suivant dans les *Recherches historiques* de M. Pigeon :

D'après les recherches que nous avons faites jusqu'ici, il est évident qu'au culte rendu dans Argentan par les druides à leur dieu Theutatès, a dû succéder celui que les Romains y rendirent ensuite à Junon sous le nom de Genita et qu'enfin ce culte païen a été remplacé par celui que les premiers chrétiens rendirent à la mère de Jésus-Christ, sous le nom de Notre-Dame-de-la-Place, culte que les chrétiens d'aujourd'hui rendent encore, sous le nom de Vierge Marie, à celle qui fut la chaste épouse de Joseph.

(Page 32.)

Dans le même ouvrage, M. Pigeon avait précédemment écrit :

On sait que l'histoire de la fondation des temples chrétiens qui existent aujourd'hui dans Argentan fait mention de l'existence de monuments druidiques autour desquels des ossements humains ont été trouvés avec une quantité prodigieuse de têtes de loup, animal que les païens sacrifiaient à Genita-Mana.

(Page 6.)

A des époques diverses, une quantité prodigieuse de têtes de loup ont été trouvées enfouies en terre dans différents quartiers de la ville d'Argentan et plus parti-

culièrement sur l'emplacement qu'occupait autrefois le couvent Notre-Dame-de-la-Place dont on voit encore quelques vestiges sur le terrain compris aujourd'hui entre l'hôtel du Point-de-France et l'église Saint-Martin-des-Prés.

(Page 7.)

Dans une notice historique attribuée à M. l'abbé Jamet et intitulée : *L'Eglise de Notre-Dame-de-la-Place,* on lit aussi :

A l'époque païenne, Argentan était le siège d'un culte idolâtrique qui, sans nul doute, résista longtemps à la prédication de saint Latuin et de ses successeurs.

Au milieu d'une vaste place, non loin des limpides fontaines dont les eaux arrosaient les sacrifices païens, s'élevait un temple druidique, dédié à une déesse très vénérée de nos pères et qui portait le nom singulier de Magnagenita. (Le manuscrit où nous avons puisé porte Magnogenito.) Aux jours fériés, toute la nation s'y rassemblait pour assister aux sacrifices sanglants qu'offraient les Druides et se sanctifier aux sources sacrées que la déesse remplissait de sa vertu. On sait que les temples païens de la Gaule s'élevaient ordinairement sur le bord des fontaines.

(Pages 3 et 4.)

CHAPITRE III

Premières fortifications

Aucun manuscrit ne fait mention des ravages que dut souffrir Argentan lors des invasions multipliées des peuples du nord et nous ignorons ce que fut cette ville sous les premiers rois francs. Nous savons seulement que saint Latuin, évêque de Sées, y apparut vers 430.

En 486, la célèbre bataille de Soissons, gagnée par Clovis, mit fin à la domination romaine dans les Gaules. Cette domination s'y était maintenue pendant près de cinq siècles. Les forces romaines qui occupaient alors Argentan furent, dit-on, repoussées par une colonie d'Anglo-Saxons qui s'était établie dans notre région un siècle auparavant. De nombreuses médailles anglo-saxonnes ont été trouvées, en effet, dans les terrains des rues du Beigle, de la Chaussée et de Saint-Martin.

Nous avons dit que, sous la domination romaine, Argentan appartenait à la *Seconde Lyonnaise.*

Cette région se divisait en plusieurs autres, dont l'une, le *Pays lexovien,* comprenait Argentan.

Sous Clovis, le *Pays lexovien* fut partagé en comtés ; Argentan appartint au *comté d'Hiesmes* dont Exmes devint la capitale. Enfin l'*Hiémois* fut divisé en *traits* au nombre desquels se trouvait celui du *Houlme* dont la ville principale était Argentan.

L'histoire de cette ville n'offre de certitude qu'à l'époque des invasions saxonnes et normandes. Ces dernières furent terribles pour notre région :

Ce n'est pas sans motifs que les Normands étaient redoutés et que les évêques avaient ajouté aux litanies des saints cette invocation : « A furore Nordmannorum, libera nos Domine ! »

Les témoignages précis que les chroniques de Normandie, de France et d'Angleterre nous ont conservés donnent une vision parfaitement nette des horreurs commises par les pirates du nord. On peut suivre leurs traces, car leur route est jalonnée des cadavres de leurs victimes.

Ils emmènent les femmes en captivité, à moins que, sur leur refus de livrer l'argent qu'elles n'ont pas, ils les traînent par les cheveux et les livrent aux flammes. Pas de pitié pour les petits enfants, arrachés des bras de leurs mères et percés de coups de lance.

Les hommes sont massacrés et un immense gémissement monte des villes et des villages où règnent la mort, la dévastation et le deuil. Les barbares ont plaisir à surprendre les habitants des campagnes. Ils se font héberger par eux ; le meurtre et le pillage paient l'hospitalité reçue et mettent le comble à la jouissance des envahisseurs.

Leur fureur de destruction se porte particulièrement sur les églises et les monastères. Ils y chantent du matin à la nuit ce qu'ils appellent la messe des lances.

(Origines de la Normandie, par le
Vicomte du Motey, page 20.)

Ces invasions se multiplièrent sous le règne de Charles-le-Simple jusqu'en 912, année où, par le

traité de Saint-Clair-sur-Epte, il céda, à titre de
duché, à Rollon, chef de ces pirates, le vaste terri-
toire désigné depuis sous le nom de Normandie et
qu'on appelait alors Neustrie.

On lit dans la chronique de Normandie :

*Rollon, ou simplement Rol, faisant, en 912, la
visite de son duché, passa par Argenthin qu'il donna
à un seigneur danois, nommé Ausfred ou Onfroy, en
récompense de ses services et à la charge d'en réparer
les fortifications qui avaient beaucoup souffert lors
de la prise de cette place.*

Comme on le voit, d'après cet extrait, la ville
d'Argentan était fortifiée dès le début du Xe siècle.
Il est même permis de supposer qu'elle avait déjà
quelque importance à cette époque puisque le conquérant l'offrait en récompense à l'un de ses meil-
leurs capitaines. Cette donation a été consignée
dans ce quatrain qu'on lit au bas d'une ancienne
gravure représentant Onfroy :

Voilà le vrai pourtrait d'Onsfroy le danoiz,
Au quel Rollon bailla pour ses vaillants exploiz
Argenthin et Faloise et aultres seignouries
Dont il fut possesseur tout le temps de sa vie.

Donc, nous savons que la ville d'Argentan était
fortifiée avant 912, mais nous ignorons l'époque
précise à laquelle furent construites ses premières
fortifications.

On voit par le plan qui nous est parvenu de cette
ancienne clôture qu'elle décrivait à peu près le cercle
et renfermait une étendue de terrain relativement
considérable. Si ce plan est exact dans ses détails,

PLAN

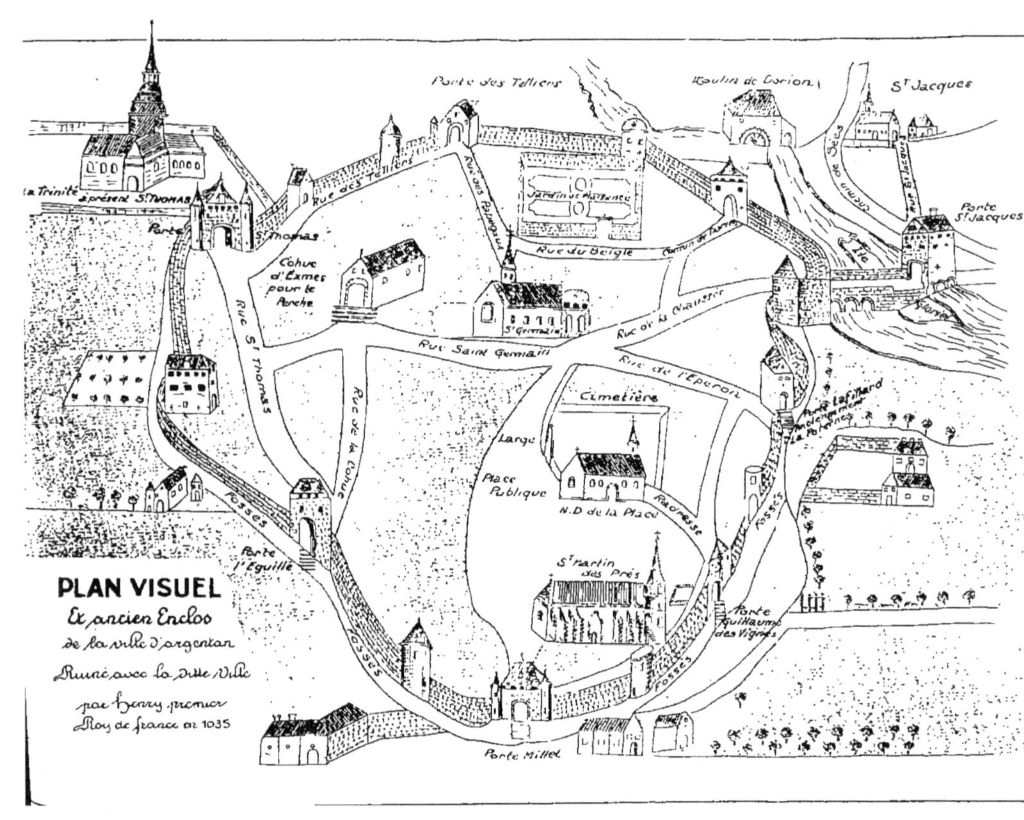

Porte des Telliers
Moulin de Corion
St Jacques
la Trinité à présent St Thomas
Porte
St Thomas
Cohue d'Exmes pour le Porche
Rue des Telliers
Aux ans Paroques
Jardin de l'abbaye
Rue du Beigle
Chemin de Torton
Rue St Jacques
Porte St Jacques
Rue St Thomas
Rue Saint Germain
St Germain
Rue de la Chausser
Rue de l'Eperon
Cimetière
Porte
Rue de la Cohue
Lange
Place Publique
N.D de la Place
Raonesse
Porte Laffiard anciennement la Poterne
Fosses
Fosses
Porte l'Eguille
St Martin des Prés
Porte Guillaume des Vignes
Fosses
Fosses
PLAN VISUEL
Et ancien Enclos
de la ville d'argentan
Réuni avec la ditte ville
par Henry premier
Roy de france en 1035
Porte Millet

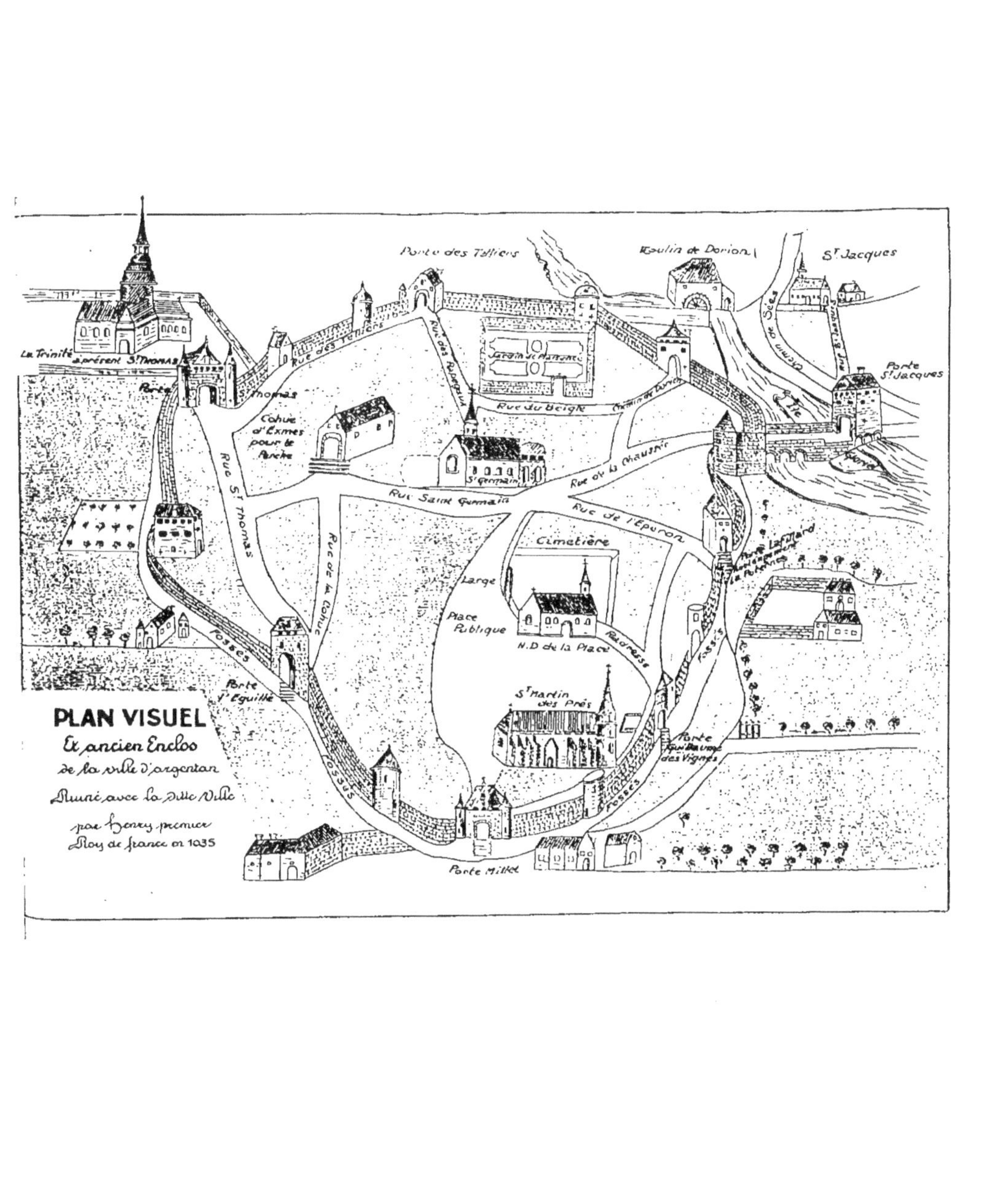
Porte des Tanniers
Moulin de Dorion
St Jacques
La Trinité à présent St Thomas
Rue des Tanniers
Rue des Rosignols
Jardin de Plaisance
Chemin de Sées
Porte
St Thomas
Cohue d'Exmes pour le Perche
Rue du Beigle
Chemin de Tanne
Porte St Jacques
Rue St Thomas
St Germain
Rue de la Chaussée
Isle
Rue de la Cohue
Rue Saint Germain
Rue de l'Eperon
Rue Laffilard
Cimetière
Large
Place Publique
N.D de la Place
Rue Gresse
Fosses
Fosses
Porte l'Eguillé
St Martin des Prés
Porte Guillaume des Vignes
Fosses
Fosses
PLAN VISUEL
Et ancien Enclos
de la ville d'argentan
Illustré avec la ditte Ville
par Henry premier
Roy de France en 1035
Porte Millet

la ville était alors entourée de hautes murailles crénelées avec, de distance en distance, des tours de défense d'un aspect monumental.

Les tours avaient-elles l'importance que l'auteur de ce plan leur a donnée ? Il est permis d'en douter, car, dans une charte du xiiie siècle, plusieurs de ces constructions sont désignées sous le nom de *carragues*, mot ancien dérivé du latin *carrago* et qui signifie barricade.

Cette clôture était percée de sept portes :

L'une, appelée *Millet*, tendait à Falaise ; elle était située dans la rue Saint-Martin, vers le point où aboutissent les rues Magny et du Marais.

Une autre, *la porte des Vignes*, ainsi nommée parce qu'elle se trouvait à proximité d'un terrain planté de vignes, s'ouvrait entre les églises Saint-Martin et Notre-Dame-de-la-Place pour donner accès au chemin d'Ecouché. Ce chemin, qui était fréquemment submergé, a été abandonné vers la fin du xive siècle. Il traversait les marais de Beaulieu. Un pont de bois était jeté sur l'Orne, près du tumulus des Hogues, qui servit, paraît-il, de point de fortification pour la défense de ce passage. Hors cette porte était un étang où se rendaient les eaux de la fontaine Saint-Martin.

Vers le petit marais de la Chaussée était *La Poterne*, vulgairement appelée *porte Laffillard*. Ce n'était qu'une étroite issue dont l'ouverture était masquée par des ouvrages extérieurs.

Une quatrième porte, dite *de la Chaussée*, était placée dans la rue de ce nom, vers l'impasse de la Chaussée, près de l'emplacement du grand pont.

La porte *des Telliers* ou *des Tilleuls* s'ouvrait à droite des bâtiments du collège. Ce nom lui venait, dit-on, d'un terrain planté de tilleuls qui se trouvait à proximité (1).

Le chemin de Cayenne est le vieux chemin d'Argentan à Paris. Cette route commençait à la porte *des Telliers* (on disait aussi *aux Telliers, aux Toiliers, ès Toiliers*), mais elle fut coupée en 1620 lorsque les habitants d'Argentan donnèrent deux acres et demi de terre aux Capucins pour l'emplacement de leur couvent.

Une sixième porte était située vers l'intersection des rues de Paris et du Collège. Bien qu'aucun manuscrit ne nous ait fait connaître son nom, divers auteurs modernes l'ont appelée *porte Saint-Thomas*, parce que cette porte était située dans le faubourg Saint-Thomas (précédemment appelé faubourg de la Trinité).

D'après Marin Prouverre, les habitations et les jardins situés à droite en descendant directement de l'hôpital au collège se trouveraient sur l'emplacement occupé jadis par le fossé de l'ancien rempart.

Enfin, une septième porte, dite *de l'Eguiller* ou *de l'Eguyer*, s'élevait au milieu de la rue de la Poterie, à l'extrémité de la rue Culabine.

Quelques auteurs prétendent qu'il existait une huitième porte, appelée la *porte Cœnomane*. Ils en fixent la position dans le quartier du Paty, en face de la rue de la Noë.

Cette porte aurait été ouverte sur la route de Tours, ancienne route de Sées, qui passait au pied des églises de Coulandon et de Saint-Martin-des-

---

(1) *Tellier* signifiait autrefois *toilier* ou *tisserand*. (Histoire de Sévigny, par V. des Diguères, page 24.)

Champs (1), après avoir traversé l'Orne dans la prairie du Bain Sacré, à l'endroit appelé le *gué d'Atys* (ou *d'Athis*). Autrefois, ce passage était pavé et l'on y traversait la rivière à gué. Aujourd'hui, il est submergé par l'élévation des eaux retenues par le moulin de la Noë, dont la construction a fait abandonner ce passage.

La partie de ce vieux chemin comprise entre les églises de Coulandon et de Saint-Martin-des-Champs, très réduite actuellement dans sa largeur, est encore nommée *chemin rié* ; *rié* signifiait royal et ne pouvait désigner qu'une route importante.

A l'intérieur de l'enceinte fortifiée qui protégeait Argentan, et qui se développait sur un circuit de deux kilomètres et demi environ, se trouvaient les monuments dont l'énumération suit :

Eglise Saint-Germain, église Saint-Martin-des-Prés, chapelle Notre-Dame-de-la-Place, cohue d'Exmes.

Les chapelles Saint-Jacques et Saint-Thomas étaient à l'extérieur de cette enceinte.

Nous dirons quelques mots sur les origines de ces divers monuments :

EGLISE SAINT-GERMAIN

La fondation de cette église, sous l'invocation de saint Germain d'Auxerre, est si ancienne que le nombre des siècles qui se sont écoulés depuis en ont effacé la tradition.

Un manuscrit des antiquités d'Argentan, écrit en 1693, dit qu'il y avait environ deux cents ans qu'elle

____

(1) L'église Saint-Martin-des-Champs est l'ancienne église paroissiale de Mauvaisville.

avait commencé d'exister sous le règne de Clovis (1) et que Landolphe, qui était dans ce temps Gouverneur de la Neustrie, en avait posé la première pierre.

Le même auteur rapporte qu'on a vu dans un très ancien manuscrit que saint Germain d'Auxerre, revenant d'Angleterre, où son zèle l'avait conduit pour combattre l'hérésie du Pélasge, passa en 435 par Argentan où il séjourna quelque temps ; que sa prédication et divers miracles qu'il y opéra convertirent beaucoup de monde à la foi, que la mémoire du passage de ce saint par cette ville donna occasion aux habitants, lorsqu'ils bâtirent cette église, de la mettre sous l'invocation de ce saint prélat...

En 1167, l'église Saint-Germain n'était encore qu'un médiocre édifice qui annonçait la simplicité de ce temps...

Le cimetière entourait l'ancienne église qui existait avant 1200... Les habitants, aidés des largesses que fit saint Louis, roi de France, en faveur de cette église, à son passage en cette ville vers l'an 1255, la firent reconstruire plus étendue que l'ancienne.

(Manuscrit de Colleville, page 31.)

D'après le second paragraphe, l'église Saint-Germain aurait été fondée vers l'an 300. D'après le troisième, elle ne l'aurait été que 150 ans plus tard.

La première pierre de cette chapelle fut posée par le seigneur Landolphe, nommé gouverneur de la Neustrie par le roi Clovis. Dès que le temple fut assez grand pour contenir un millier de fidèles (les murs étaient en terre glaise farcie de cailloux et soutenus de montants

----

(1) Clovis mourut en 511.

*en bois) ce fut jour et nuit un concert de psaumes et
de pieux cantiques.*

(*Mosaïque de l'Ouest, année 1845.*)

*D'autres ont pensé que cette église avait été cons-
truite sur un temple de druides.*

*C'est dans l'église Saint-Germain d'Argentan que
s'assemblèrent, en 1167, les légats du pape Alexandre
et les évêques d'Angleterre, pour délibérer sur les
bases d'un traité entre l'évêque de Cantorbéry et son
souverain.*

Dans le XIIIe *siècle, Henri Clément (1), marécha
de France, seigneur d'Argentan, céda le terrain avoi-
sinant l'église Saint-Germain, du côté du donjon,
pour l'agrément du temple. En 1255, saint Louis,
roi de France, lors de son passage à Argentan, fit des
dons qui, réunis à la cotisation des habitants, servirent
à rétablir Saint-Germain sur un plan beaucoup plus
vaste. Un registre de la fabrique, échappé au pillage
des Calvinistes, dans le* XVIe *siècle, donne la forme
de cette nouvelle construction ; il n'y avait aucune
décoration extérieure.*

*Le gros clocher, élevé jusqu'aux claires-voies, fut
restreint à cette hauteur, par le commandant du fort
pour l'empêcher de dominer la citadelle.*

L'église ne répondant pas à la beauté de la tour, fut

---

(1) Henri Clément fut maréchal de France sous saint Louis,
qu'il accompagna, en 1244, dans son premier voyage en Terre-
Sainte. Il était né au village de Saï, près d'Argentan.
(de Colleville.)

L'immeuble qui porte le numéro 17 de la rue des Vieilles-
Halles et qui appartient à M. de la Bretèche est construit sur
l'emplacement qu'occupait autrefois la demeure du maréchal
Clément. (Eugène Vimont).

3

détruite et recommencée dans les premières années du XVe *siècle* (1).

(Histoire d'Argentan, de J.-A. Germain, page 258.)

Dès 1210, l'église Saint-Germain possédait la cloche appelée le *Gros Seing,* dont il sera parlé plus loin.

EGLISE SAINT-MARTIN-DES-PRÉS,
AUJOURD'HUI SAINT-MARTIN

Simon Prouverre croit que cette église a été fondée peu de temps après la mort de son patron, arrivée en 402, et qu'elle a commencé par être un édifice simple et médiocre.

(Manuscrit de Colleville, page 49.)

Cette première église fut probablement détruite en 1035.

Il est dit, dans la Vie de saint Martin, *que ce prélat parcourut notre région vers l'an 380. L'auteur de la biographie ne fait pas mention d'Argentan d'une manière dénominative, mais, dans un de ses récits, il nous fait une telle description des lieux où se sont opérés quelques-uns des miracles de ce prélat qu'il n'est guère possible de douter que c'est d'Argentan qu'il a voulu parler.*

(Recherches historiques de Pigeon.)

Dans une étude sur l'église Saint-Martin d'Argentan, due à la plume de M. l'abbé Hommey et publiée, en 1898, dans le Ier bulletin de la Société historique de l'Orne, il est dit :

----

(1) Peut-être à la fin du XIVe.

Les titres de fondation de nos anciennes églises ont presque entièrement disparu pendant les invasions des Normands et pour tous les temps qui précèdent on est réduit à peu près à de simples conjectures.

L'opinion la plus probable est qu'Argentan était déjà une ville au temps de la domination romaine, ce qui nous conduit à croire qu'elle fut évangélisée presque en même temps que Séez et par le même apôtre, c'est-à-dire par saint Latuin, notre premier évêque. Mais ici se présente une autre difficulté. A quelle époque vivait cet apôtre de nos contrées ? Une opinion le fait venir dans les Gaules dès la fin du Ier siècle. Il en est d'autres qui reculent son apostolat jusqu'au IVe siècle, quelques-uns même jusqu'au V^c.

Le plus ancien document authentique qui fasse mention des églises d'Argentan, remonte à l'année 1024. C'est une charte du duc de Normandie, Richard II, surnommé le Bon, qui octroie à l'abbaye de Fontenelle, autrement Saint-Wandrille, au diocèse de Rouen, le patronage et la dîme de la paroisse d'Argentan.

Ce qui est certain et absolument hors de doute, c'est que la paroisse d'Argentan n'a jamais formé qu'un seul bénéfice.....

Il faut remarquer que le véritable curé d'Argentan n'était autre que l'abbé de Saint-Wandrille, et que celui qui gouvernait la paroisse n'était que le mandataire de ce prélat, son remplaçant et son représentant. Il nous paraît fort probable que ce mandataire de l'abbé de Saint-Wandrille s'établissait dans l'église qui lui convenait le mieux, sans distinction entre Saint-

Germain et Saint-Martin, qui existaient toutes deux même avant qu'elles fussent données à Saint-Wandrille par Richard le Bon. On a dit que Saint-Martin était alors la principale et que Saint-Germain n'était qu'une chapelle annexe ; d'autres ont prétendu le contraire ; toutes ces assertions sont gratuites ; même dans les documents les plus anciens, les deux églises d'Argentan portent toutes deux le titre d'églises paroissiales. Ni l'une, ni l'autre, par conséquent, ne peut se vanter d'avoir jamais été la supérieure de l'autre.

(Page 16 et suivantes.)

Lorsqu'on fit refondre, en 1682, les cloches de Saint-Martin, il fut constaté que les deux plus grosses étaient datées de 1267 et que la troisième paraissait plus ancienne encore. Cette dernière portait « une écriture qu'on ne pouvait ni lire ni entendre ».

Chapelle Notre-Dame-de-la-Place

La fondation de cette église se perd dans l'antiquité. Une ancienne tradition, conservée dans plusieurs fragments de l'histoire d'Argentan, en parle comme du premier monument chrétien de cette ville et nous dit qu'il fut élevé sur les ruines d'un temple païen consacré à la déesse Magna-Genita *qui était révérée dans ce lieu avant l'établissement du christianisme. Les noms* Ara Gentis *et* Aræ Genuæ *que plusieurs écrivains donnent à la ville d'Argentan et qu'ils disent exprimer l'autel de la nation ou autel de* Genuæ *paraissent appuyer la tradition.*

On lit dans Mézeray que vers l'an 496 les églises très rares dans la Gaule se multiplièrent et que les temples consacrés aux idoles furent dédiés au vrai Dieu.

L'autorité de ce compatriote ajoute à la possibilité de l'origine attribuée à l'église Notre-Dame-de-la-Place...

Elle avait son cimetière qui l'entourait suivant l'usage de toutes les anciennes églises... Le plan de l'ancienne église, détruite en 1035, la représente bâtie sur une grande place dont elle prit le nom...

(Manuscrit de Colleville, page 55.)

Dans l'ancien temps, il y avait dans la ville deux maisons presbytérales désignées sous le nom d'Hôtels du curé et qui existaient en même temps, l'une derrière l'ancien chœur de l'église Saint-Germain où est présentement la chapelle de la Vierge et l'autre auprès de l'église de Notre-Dame-de la-Place, voisine de celle de Saint-Martin.

(Même ouvrage, page 25.)

COHUE D'EXMES

Quelques manuscrits font mention d'un vaste édifice appelé Cohue. *Il était situé au milieu d'une grande place qui portait le même nom.*

On appelait Cohue *le lieu où se tenaient autrefois les* petites justices, *par opposition aux* grandes jus-tices. *Ce mot* Cohue *a été remplacé par* Auditoire *et* Audience.

(Recherches historiques de Pigeon.)

Au XIIIe siècle, un édifice de ce genre se trouvait place de l'Hôtel-de-Ville.

En 1294, cette *cohue* était appelée *cohue d'Argentan.*

Au xive siècle, un vicomte d'Argentan rendait la justice dans cette vieille cohue.

Cet ancien tribunal n'était pas situé, comme on l'a supposé, sur l'emplacement du n° 2 actuel de . la rue Paul-Boschet, mais place de l'Hôtel-de-Ville, en face de cette rue.

Les passages suivants, que M. Guillochim a bien voulu nous signaler et qui sont extraits du manuscrit Lautour-Monfort, ne laissent aucun doute à cet égard :

Le siège de la Cohue était, en premier lieu, en haut et en face de la Grande-Rue, dans les maisons que le sieur de la Chesnaye-Hapel occupe aujourd'hui.....

En face et au bout de la Grande-Rue, vers les Jacobins, se trouvait autrefois la vieille cohue.....

La Cohue se tenait dans les maisons occupées présentement par MM. de Forges et la Chesnaye-Hapel, en haut de la Grande-Rue. Le grenier à sel y fut ensuite placé.

Un ancien plan des divers quartiers de la ville, dressé en 1755 par F. Bouglier sieur Desfontaines, permet de constater que les habitations désignées ci-dessus occupaient, en face de la rue Paul-Boschet, l'angle de la place actuelle de la mairie et qu'elles se trouvaient en bordure de la rue Papegaux, voie qui se prolongeait alors jusqu'à la rue des Jacobins.

CHAPELLE SAINT-JACQUES

Sur le plan dont il a été parlé plus haut figure, au delà de la *porte Saint-Jacques*, porte située en dehors des fortifications de l'époque, une chapelle dédiée à saint Jacques. ·

Au XIIe siècle, cette chapelle fut remplacée par une église et un hôpital.

La fondation de l'église et hôpital Saint-Jacques fut faite dans le XIIe *siècle par le frère Roger de l'ordre des hospitaliers de Saint-Jean-de-Jérusalem qui destina l'hôpital attenant à l'église pour y recevoir et donner l'hospitalité aux pèlerins allant à Saint-Jacques en Galice... Après le décès du frère Roger, l'hôpital Saint-Jacques devint un annexe de celui de Saint-Thomas.*

(Manuscrit de Colleville, page 80.)

La Trinité ou Saint-Thomas

Cet hôpital, fondé par les bourgeois d'Argentan, est très ancien ; on ignore la date de sa fondation qui doit être antérieure à l'an 1000. L'église, primitivement, était dédiée à la Sainte-Trinité. En 1173, elle fut dédiée à saint Thomas.

* * *

A Rollon, qui, sage et ferme, régna dix-neuf ans sur la Normandie (1), succéda son fils Guillaume, surnommé Longue-Épée. ·

---

(1) Sa justice aurait été si parfaite et si redoutée qu'un bracelet pouvait rester suspendu à un arbre sans que personne osât y toucher.

Richard Ier, fils de Guillaume Longue-Epée, succéda à son père.

Ce troisième duc de Normandie passa par Argentan lorsqu'il visita son duché en 995. Il fut reçu dans cette ville par Tursten Gotz, qui en était le gouverneur.

Quelques renseignements sur cette époque nous sont donnés par l'*Histoire d'Argentan* de J.-A. Germain :

Les grands propriétaires de fiefs se faisaient la guerre entre eux, indépendamment de l'autorité de celui qui portait le nom de roi. Les moindres possesseurs de châtellenies se mettaient aussi en campagne. On ne connaissait plus l'infanterie, l'honneur étant mis à ne combattre qu'à cheval. On prit l'habitude de porter une armure complète de fer ; les brassards, les cuissards furent une partie de l'habillement. Quiconque était riche devint presqu'invulnérable à la guerre. C'est alors qu'on se servit de massue pour assommer ces chevaliers que les pointes ne pouvaient percer.

Occupés à guerroyer les seigneurs n'avaient pas l'usage de l'écriture. Les propriétés existaient sans titres ; les traités de mariages n'avaient d'autres archives que la mémoire des témoins ; aucun acte légal ne constatait l'état de la famille et les degrés de parenté. La langue latine qui, sous les rois de la première race, était la langue vulgaire, n'était plus en usage parmi le peuple ; à sa place il s'était introduit un idiome barbare mêlé de frank et de latin qui est le commencement de notre langue nationale.

(Page 94.)

Sous les 4e, 5e et 6e ducs de Normandie, qui furent

Richard II (1), Richard III et Robert le Diable ou
le Magnifique, l'histoire d'Argentan reste sans intérêt.

Henri Ier, roi de France, voulant profiter de la
jeunesse de Guillaume le Bâtard ou le Conquérant,
fils de Robert le Diable et 7e duc de Normandie,
pour s'emparer de son duché, assiégea Argentan en
1035 (2), prit cette ville, la détruisit ainsi que ses
fortifications et l'incendia.

*Henri Ier, après avoir ravagé le comté d'Hiesmes,
brûla la petite ville d'Argentan, qui est peut-être le
lieu que les Romains appelaient Aræ-Genuæ.*

(Mézeray.)

Marin Prouverre rapporte en ces termes la destruction d'Argentan :

*Henri premier assiège le château d'Hiesmes dans
toutes les formes, mais désespérant de le prendre, vient
à Argentan. Tursten Gotz, qui était vicomte, commandait cette place ; voyant que, le roi le pressait fort,*

---

(1) *C'est sous le règne de Richard II que prit naissance l'architecture
religieuse normande. L'arche romane en plein cintre commença à
s'appuyer sur une colonne ou sur un faisceau de colonnettes ; des
moulures s'arrondirent autour des fenêtres et la rosace s'ouvrit simple
encore comme la rose des buissons.*
(Origines de la Normandie, par le
Vicomte du Motey, page 97.)
*Sous Richard II, Exmes, Argentan et Falaise possédaient un
château.*
(Même ouvrage, page 100.)
(2) D'après le plan dont nous avons parlé plus haut et divers
manuscrits, la destruction d'Argentan eut lieu en 1035. D'après
Pigeon, elle aurait eu lieu en 1041. D'après Chrétien, de Joué-du-
Plain, en 1046...

il lui fit proposer de lever le siège promettant de lui livrer Falaise dont il était gouverneur. Le roi ne voulut point consentir à ce traité ; ayant été prévenu que les seigneurs normands s'unissaient pour s'opposer à ses conquêtes, il fit donner l'assaut à Argentan ; l'ayant pris il le brûla.

Au sujet de cet événement, J.-A. Germain, dans son *Histoire d'Argentan*, reproduit les lignes suivantes, extraites « d'un très ancien manuscrit », auquel le *Petit journal judiciaire d'Argentan* emprunta la même description en 1835 :

Le roi principal ducteur et recteur de l'armez, adévenant à la brune par la fouretz de Gouffer, mit tôt le siège dévant Argentin avec son armez repoussée d'Hiesmes, cette villette se mit par peu de temps en moult resistance. Mais que pouvait-elle faire, les murailles dicelle étant peu fortes ?

Henry per mieulx inciter ses gens à toutte valeur et prouesse proumist a iceux tout le pillage de cette place s'ils la pouvaient gaigner. Cette proumesse accrut doublement le courage diceux batailleurs et gens de guerre, ains que la force et puissance diceux en choses belliques. Le lendemain, au lever du soleil, larmez cuidant bien gaigner la vilette, advole vers les remparts dicelle. Avant lassaut général donné, voici qu'une troupe de nombreux batailleurs du roi se débande et de furie, sans commandement de chief, escalade vivement les défenses d'une porte et estonnent tant moult fort les poures citadins qu'aucuns d'iceux, mis à la défense dicelle porte, se saulvent, par la fuite, néanmoins les citadins firent bonne contenance ; mais larmez ayant environné la place de touttes parts donna lassaut général à icelle, et dura la batterie jusqu'après le soleil couchié, où il y eut grande tuerie, car iceux combatants étaient moult fort acharnez les uns sur les autres.

A l'abord les citadins se défendirent moult courageusement, mais bientôt lardeur diceulx fut ralentie, car les machines aptes à renverser les murailles et à se rendre maître de la place ayant ébranlé les remparts et arces en moult endroits, donna une entrée libre aux assaillants et malgré le bon pourtement et vaillance des poures citadins, la fortune tourna tellement sa senestre roue que la place fut prinse et emporteez dassaut.

Cette prinse donna grande désesperance de salut à ceux qui étaient dedans. Les victorieux entrant par un côté de la vilette, les défenseurs les plus opiniâtres cherchant enfin à se sauver de l'autre côté par une porte libre d'assiégeants, à l'occasion de la rivière qui baignait la vilette et de palus et brousses qui étaient dicelui côté et per deça icelle rivière ; mais les poures citadins furent si vivement poursuivis par iceux victorieux qu'icelle porte se trouvant bouchée par la foule des fuyants, moult gens furent occis et estouffez en icelle.

Les troupes du roi irritez et furieuses d'avoir perdu moult de sang au siège d'Hiesmes, s'assouvirent du sang des paures gens d'Argentin, occidant tout pêle-mêle, sans différence d'âge ni de sexe.

De la plus effrenez cruauté qu'on ne le peut écrire sans effroi, ne entendez le récit sans larmoyer, or fut ainsi cette malheureuse vilette pillée et saccagée plusieurs jours durant, par les victorieux, qui lassez de brigandages et de débauche, mirent le feu à icelle et s'en retournèrent plus chargés de butin que de gloire bellique. L'incendie dura huit jours et autant de nuicts après lesquels Argentin ne fut plus qu'un monceau de ruines et un théastre de dévastation.

CHAPITRE IV

Secondes fortifications

Une ville nouvelle dut sortir assez rapidement des ruines de l'ancienne, car, en 1066, elle fournit son contingent à l'armée normande qui alla soumettre l'Angleterre.

Le seigneur d'Argentan, *David* (1), fit partie de l'expédition et son nom figure sur la liste que l'on voit dans l'église de Dives-sur-mer. Le *Roman du Rou* rend hommage, à ce sujet, aux habitants d'Argentan. On y lit :

> *Li bon citéan de Roem,*
> *E la Jovante de Caem*
> *E de Falaise e d'Argentoen.*

Les historiens parlent d'un relèvement des fortifications d'Argentan et d'une reconstruction de son château, en 1089, par Robert Courte-Heuse, duc de Normandie.

Après la mort de Guillaume le Conquérant, Argentan reconnut l'autorité de Guillaume le Roux, roi d'Angleterre, son successeur, ce qui attira sur cette localité les armes de Robert, duc de Normandie, qui s'en empara avec l'aide du roi de France, Philippe Ier, en 1094.

---

(1) Pour le récompenser de ses bons services Guillaume le nomma son grand échanson.

Roger le Poitevin commandait alors dans Argentan avec une garnison de sept à huit cents hommes sans les écuyers et les bourgeois qui étaient au nombre de plus de quatorze cents combattants. Philippe somma la garnison de se rendre, Roger répondit que le roi d'Angleterre lui en ayant confié la garde il ne pouvait la remettre qu'à lui. Aussitôt le roi Philippe fit élever une machine du côté de la rue des Gaules ; elle ouvrit une brèche considérable entre *la tour qui joignait le boulevard* et *la tour voûtée*. Les assiégeants montèrent à l'assaut, et le château fut emporté l'épée à la main, malgré la résistance des assiégés. Une partie de la garnison fut passée au fil de l'épée et le reste fait prisonnier.

J.-A. Germain, dans son *Histoire d'Argentan*, reproduit la relation suivante, qui fut publiée, en 1835, dans le *Journal judiciaire* de cette ville :

Philippe d'abord investit la place, et Robert, qui la reconnut, jugea quels étaient les points qu'il devait attaquer. Il fit élever, vers la rue des Gaules, des machines de guerre propres à renverser les murailles. Il espérait par ce moyen occuper la garnison renfermée dans le château, et attirer toute son attention sur ce point. Il fit élever aussi, sur un autre côté de la ville, des machines propres à former pour ses troupes un point dominant d'où elles pourraient accabler ceux qui voudraient passer de la ville dans le château. Par là, il interceptait toute communication entre la ville et les bourgeois. Ainsi maître des positions, il espérait pénétrer facilement dans la ville, puis de là forcer la garnison à capituler, en attaquant le château sur tous les points. Le résultat prouva que ses plans étaient bien conçus. Avant l'attaque, Philippe somma Roger de rendre la place, mais celui-ci, renfermé dans sa forteresse, refusa d'entrer en composition, en disant : « que « le roi d'Angleterre, son seigneur et son maître, lui « en ayant confié la garde il ne pouvait la rendre qu'à « lui seul ». Philippe, mécontent, fit battre aussitôt les murs.

Ce fut du côté de la rue des Gaules, entre la tour du Boulevard et la tour Voûtée, que Philippe et Robert dirigèrent surtout leurs coups, et qu'ils firent ouvrir une brèche afin de tenter l'assaut. Robert lui-même voulut y monter alors des premiers, et se mettant à la tête des assaillants, il courut vers la brèche, l'épée à la main, en criant : « Qui m'aime me suive !... »

Ces paroles enflammèrent le courage des soldats ; tous suivirent le vaillant duc qui, renversant tout ce qui s'opposait à son passage, se jeta avec les siens dans la place, et, suivant de là le rempart, il gagna l'entrée de la ville où se trouvaient tous les bourgeois en armes. Là se livra un combat sanglant, le plus obstiné, sans doute, que l'on ait vu dans les remparts d'Argentan. Les bourgeois, à la fin vaincus par le nombre, virent l'armée camper dans les rues et leurs toits livrés au pillage.

La garnison du château, contenue par les troupes que Robert avait placées pour intercepter toute communication avec la ville, n'avait pu se mêler au combat, et avait vu succomber ainsi la valeur des écuyers et des soldats bourgeois. Pour la seconde fois, on la somma de se rendre, mais Roger persista dans son refus. Ce fut alors que les deux princes firent leur disposition pour donner l'assaut à cette forteresse, dans laquelle le gouverneur anglais se croyait en sûreté. Robert, à ce qu'il paraît, fit encore dans cette occasion des prodiges de valeur ; et, malgré la vigoureuse défense des assiégés, le château fut emporté d'assaut. La garnison fut passée au fil de l'épée. Robert II de Belesme, qui avait accompagné Philippe dans cette expédition, intercéda pour Roger le Poitevin, son frère ; il parvint à lui sauver la vie. Ce gouverneur, malgré son orgueil, fut forcé de déposer les armes et de demander grâce à son vainqueur, pieds nus et une selle de cheval sur le dos ; car, telle était l'ordonnance, dit l'historien de ces détails, qu'un homme déconfit se rendait une selle au cou, afin que le vainqueur le chevauchât s'il lui plaisait.

Robert, duc de Normandie, donna la ville d'Argentan au comte d'Alençon, Robert de Bellême, puis partit pour les Croisades, en 1096. Le temps qui s'écoula entre son départ et l'époque où il perdit les couronnes d'Angleterre et de Normandie fut dix années de désastres pour Argentan et sa région. La guerre civile avec toutes ses horreurs retentit continuellement dans cette contrée.

Le *Journal judiciaire,* auquel nous avons emprunté la relation qui précède, dit à ce sujet :

Plusieurs grands seigneurs, entre autres Robert de Bellême et le comte d'Hiesmes, n'avaient pas cru devoir abandonner leurs vastes domaines à l'avidité de leurs voisins pour aller dans la Palestine courir après un fantôme de gloire. Les grands vassaux du duc, plus sages que leur maître, profitèrent de son absence pour s'emparer de plusieurs domaines qui étaient à leur convenance, et pour amasser des trésors en exerçant toutes sortes de brigandages ; au vol succédèrent bientôt le meurtre et l'incendie, et le malheureux peuple eut beaucoup à souffrir de la domination de ces petits tyrans.

Bellême et le comte d'Hiesmes, ne s'étant pas accordés lors du partage du fruit de leurs rapines, se firent entre eux une guerre acharnée, à laquelle leurs vassaux furent obligés de prendre part, Argentan et Exmes ne tardèrent pas à devenir les places les plus importantes du théâtre de la guerre.

Parlant de ces désastres, Ordéric Vital, qui, il est vrai, se montra toujours sévère à l'égard des Bellême, dit que l'exaspération du peuple obligea Bellême, qui était alors seigneur d'Argentan, à faire construire les forteresses des Vignats et de la Courbe pour contenir plusieurs seigneurs du Houlme et de l'Hiesmois.

Plus tard, d'après le même auteur, le château d'Argentan et ces deux forteresses auraient été « les repaires des bandes de Bellême ».

D'après les chroniques du temps :

Bellême se fit le chef d'une troupe d'hommes de toutes façons, comme larrons, meurtriers, gens pauvres et maudits, guetteurs de chemins, brigands de bois, gens bannis et excommuniés, canaille prête à mal faire, filous les plus terribles qui soient sous les cieux..

Dans les campagnes, à cette époque, les terres restaient incultes, parce que ni hommes, ni femmes, n'osaient sortir ; qu'un grand nombre de gens, craignant pour leur vie, avaient été forcés d'abandonner leurs foyers ; que ni marchands, ni pèlerins n'osaient plus approcher de la contrée, parce que le récit des crimes, qui chaque jour étaient commis par Bellême et ses gens, tenait chacun en épouvante...

*On s'étonnait comment Dieu souffrait tant de cruau-
tés de la part de Bellême et de ses complices, ennemis du
genre humain...*

*A toute heure, ils buvaient et mangeaient, n'obser-
vant aucunement le carême et mangeant de la viande le
vendredi comme les autres jours ; ils se livraient au vol,
à toutes sortes de débauches et de meurtres, massacrant
ou mutilant les hommes, emmenant avec eux les femmes
et les filles qu'ils pouvaient attraper...*

(Troubles de 1096 à 1106 excités par Robert de
Bellême, Journal judiciaire et commercial de
l'arrondissement d'Argentan, 21ª année, nº 14,
dimanche 5 avril 1835.)

Nous avons trouvé, dans quelques pages manuscrites, dues à la plume de M. Pigeon et conservées à
la bibliothèque municipale d'Argentan, le passage
suivant relatif aux appréciations qui précèdent :

*A ce portrait, sorti du cloître et peint par un moine
dont le couvent avait été mis plusieurs fois à contribution
par Bellême, nous opposerons celui qui a été tracé par
quelques historiens plus désintéressés dans le choix des
couleurs. Rymer, Dunel et Noveden représentent
Bellême non seulement comme un grand capitaine
mais encore comme un bon politique, un négo-
ciateur habile et le meilleur ingénieur de son temps.
Quoi qu'il en soit, Bellême n'en fut pas moins cruel
et commit, dans plusieurs circonstances, des actes de
cruauté que ne peuvent pas même justifier les temps
malheureux d'ignorance et de barbarie où il vivait.*

*Aussitôt après le départ de Robert pour la Terre-
Sainte, Bellême s'empressa, par toutes sortes de moyens,
d'amasser des trésors, de s'emparer des forteresses*

et des châteaux forts que les seigneurs croisés avaient abandonnés et de faire creuser des retranchements sur tous les points qu'il jugeait convenables.

Argentan fut le centre de ses opérations.

Ce fut alors qu'on vit Bellême déplacer les populations et les forcer à travailler aux fortifications qu'il fit élever pour protéger son despotisme ; si quelqu'un refusait ou s'abstenait pour ne pas le faire, sa maison était pillée, saccagée et brûlée ; l'objet de ses affections les plus chères comme père ou comme époux devenait souvent la proie du plus fort.

Les moines de l'abbaye de Saint-Evroult, ayant refusé d'obéir aux ordres de Bellême, leur couvent fut pillé plusieurs fois dans le cours d'une année. Les autres monastères des environs d'Argentan subirent le même sort, car il paraît que nul ne pouvait s'exempter de ces travaux forcés ; l'ecclésiastique comme le laïque, le citadin comme l'homme des champs, tous devaient prendre la pioche et obéir sans murmurer à Robert de Bellême.

Roger du Sap, abbé de Saint-Evroult, étant passé furtivement en Angleterre pour y implorer, dit-on, le secours du roi et se plaindre des brigandages commis dans son couvent, Bellême en fut bientôt instruit ; il courut aussitôt à leur maison qu'il saccagea de fond en comble après en avoir chassé tous les moines qu'il fit justiger par ses gens.

Quelque temps après, un moine de Saint-Evroult, abbé de cette maison, devint évêque de Séez ; cette circonstance qui semble assez indifférente et qui paraît étrangère aux malheureux événements qui se succédèrent, fut cause de grands désastres et de scènes sanglantes pour Argentan. Le nouveau prélat, plein des souvenirs *de la conduite de Bellême à l'égard de son couvent, aigri d'ailleurs par un différend qu'il eut avec lui relativement aux immunités de l'église de son diocèse, crut devoir l'excommunier et jeter un interdit sur tout ce qu'il possédait ; mais l'homme de guerre, à ce qu'il paraît, ne fut point intimidé de ce coup et n'en conçut que plus d'humeur contre tout le clergé et en particulier contre tous ceux qui se prêtaient à vouloir faire exécuter le jugement de l'évêque. Ce fut alors qu'on vit à Argentan et aux environs plusieurs monastères détruits et un grand nombre de prêtres pris et pendus par les ordres de Bellême. En se reportant à l'époque où ces foudres de l'église furent lancées, on se figure aisément quel fut leur effet et quelles en furent les conséquences.*

L'excommunié résista avec opiniâtreté et opposa aux armes spirituelles les armes temporelles, qui, à ce qu'il paraît, furent d'une meilleure trempe, car Bellême réussit dans toutes ses entreprises et au gré de ses désirs.

Rien ne put s'opposer ni à sa volonté, ni aux vexations qu'il commit contre ceux qui se déclarèrent contre lui.

La mort de son frère, le comte de Salop, l'ayant forcé de quitter la Normandie pour aller en Angleterre recueillir sa succession, tous ses ennemis mirent son absence à profit, les uns en se hâtant de reprendre ce qui leur avait été enlevé par la force, les autres en se vengeant de ses partisans ou en se mettant à exécuter l'interdit prononcé contre lui. On ne vit alors que réaction. Argentan, partagé en deux camps, devint bientôt le théâtre d'une sédition dans laquelle ses habitants se livrèrent aux excès les plus graves.

Voici les détails de quelques unes de ces scènes

sanglantes que nous laissons raconter à nos vieux
historiens dans leur langage aussi simple que naïf :

« *Si tost qu'on ouyt parler à Argentin du parlement*
« *de Bellême pour les Angles, le peuple s'assembla*
« *en cohue avec grand tumulte et vociférations ; d'Ar-*
« *gentin le bruit en vola aux environs. Une grosse*
« *troupe de mutins alla trouver le gouverneur qui fit*
« *à iceulx une belle et artificieuse harangue pour diver-*
« *tir le peuple de cette aigreur, en lui représentant son*
« *debvoir. Rien ne fut oublié de l'office d'un bon ora-*
« *teur, mais il ne fut pas écousté, car la troupe mutine,*
« *au partir de là, s'en alla droict au logis des partisans*
« *de Bellême qui avaient commis sur eux exactions*
« *en toutes manières, enfonça portes et fermetures des*
« *maisons, enleva tout ce qui était de plus beau...*

« *Giffart, le gouverneur, dissimulant cette insolence*
« *par crainte qu'elle ne s'augmentât en pressant et*
« *irritant le peuple ja en cholère, trouva bon d'attendre*
« *jusqu'à ce que cette aigreur fust évaporez...*

« *Mais pour cela il ne démordit pas de la pensée de*
« *faire rentrer les révoltez dans le debvoir et pour ce*
« *il dressa ses gens dans le chasteau, résolu à tout*
« *événement de soumettre les rebelles par force et à*
« *quelque prix que ce fut.*

« *Ainsi donc, les gens du gouverneur eurent comman-*
« *dement de saisir ceux qui s'attroupaient ; et comme*
« *voici, vers la cohue, que quelques hommes de la gar-*
« *nison arrestent un clerc qui faisoit harangue à ceulx*
« *qui étoient à l'entour, une grosse troupe de révoltés*
« *se mutine aussitôt et mettent les uns en fuite, les*
« *autres en pièces.*

« *Ce ne fut pas tout, car à ce vacarme tout le monde*
« *arrive de touts cotez, et attroupez s'en vont furieux*

« *au logis des amis de Bellême, rompent portes, enfon-*
« *cent coffres et buffets, ravissent argent, brûlent*
« *meubles, et, enfin, assomment ou massacrent touts*
« *ceulx qu'ils peuvent rencontrer en fouillant aux plus*
« *sombres cachettes de leur logis. On crie : « En voilà*
« *un qui s'est sauvé en l'église ! » On y vole, et il est*
« *massacré là, tenant entre ses mains l'image de la*
« *Sainte-Vierge. A l'annonce de ces désastres, le gouver-*
« *neur voulut faire marcher toute sa troupe sur les*
« *mutins, mais il en fut empesché par eux, car ils le*
« *vînrent assiéger en sa forteresse. Tandis que les uns*
« *travaillent après le siège, les autres s'en vont courir*
« *aux prisons, en tirent les prisonniers et leur mettent*
« *les armes à la main. Ils s'advisent ensuite d'avoir un*
« *chef. Il y avait en la prison un habile homme qui*
« *s'était distingué dans plusieurs combats et entre*
« *autres au siège d'Argentin par Philippe I*er *; il avait*
« *administré de grandes charges en la guerre, mais,*
« *pour certaines colères de Bellême, il était condamné*
« *à la prison perpétuelle. Le peuple le tire de là sous*
« *promesse qu'il sera son chef ; mais lui estant en*
« *liberté il s'écousle doucement et se retire à Hiesmes*
« *auprès du comte son parent et l'ennemi de Bellême.*
« *Il fit sagement certes pour ne pas tremper en ces*
« *populaires confusions lesquelles les bien advisez*
« *fuyent comme peste.*

« *Les révoltez se sentant authorisez d'un chef tant*
« *expérimenté imaginent de passer outre, mais se*
« *voyant abandonnez par le despart d'icelui, et estant*
« *revenus à soy de leur frénésie, perdent courage et*
« *un chacun à part pense à soy comme devant rendre*
« *compte au retour de Bellême de tout ce qui estoit*
« *advenu. Ceux donc qui avaient le plus à perdre se*

« *sentant meslez à ces insoulences déposent les armes*
« *et vont vers le gouverneur demander pardon en habits,*
« *contenances et paroles tesmoignant tout le plus*
« *extresme regret qu'on peut avoir d'une faute commise.* »
*Le gouverneur, homme modéré, après les avoir
entendus et leur avoir fait connaître quelles pouvaient
être les conséquences de leur révolte, ordonna que les
prisonniers seraient rendus, que les auteurs de la
sédition lui seraient livrés et que la ville paierait une
imposition en vivres et en argent jusqu'au retour de
Bellême, qui punirait alors à sa volonté les chefs de la
révolte avec ceux qui avaient fait ouverture des prisons.*

(*Manuscrit Pigeon*, **page 12.**)

Après la bataille de Tinchebray, en 1106, Argentan tomba au pouvoir du roi d'Angleterre, Henri I[er](1), qui le prit en affection et en fit relever les murailles :

*Henri Ier entreprit de faire d'Argentan une place
de premier ordre sans prévoir ce qui en adviendrait
et sans souci des maux dont cette construction serait
la cause pour les habitants du pays d'alentour. Il fit
venir d'Angleterre une grande quantité d'ouvriers et
compléta le système de défense.*

(*Ordéric Vital.* **Ed. Le Prévost, t. 5, p. 47.**)

A cette époque Argentan devint, en effet, l'importante place de guerre que nous allons décrire brièvement :

Henri Ier répara les anciennes fortifications puis en ajouta de nouvelles.

(1) Frère de Robert, duc de Normandie, et, comme celui-ci, fils de Guillaume-le-Conquérant.

Cette place forte présenta alors quatre principales lignes de défense, non compris redoutes, forts détachés et postes avancés qui se trouvaient en dehors de l'enceinte des fortifications et qui servaient à défendre les abords des passages importants.

Ces quatre lignes de défense étaient :

Le *bail* (1) *extérieur*, le *bail intérieur*, le *château fort* et le *donjon*.

Nous dirons quelques mots de chacune.

BAIL EXTÉRIEUR

Il était composé par les fossés et les carragues qui formaient l'unique enceinte des anciennes fortifications. Les huit portes qui donnaient accès dans ce bail et dont nous avons fait connaître les noms dans le chapitre précédent furent conservées.

BAIL INTÉRIEUR

Le pourtour de cette seconde enceinte était à peu près carré. Il partait de la *tour Magloire* (ou *Saint-Magloire*) située près de l'abside de l'église Saint-Germain, gagnait la *tour Marguerite*, les rues du Point-du-Jour et du Beigle, le boulevard Mézeray, la place Mahé, le donjon, la rue de l'Hôtel-de-Ville pour revenir à la *tour Magloire*.

Les murailles du nouvel enclos avaient en moyenne 30 à 35 pieds de hauteur sur 6 à 14 pieds d'épaisseur.

(1) Nous empruntons ce mot aux *Recherches historiques sur Argentan*, de M. Pigeon.

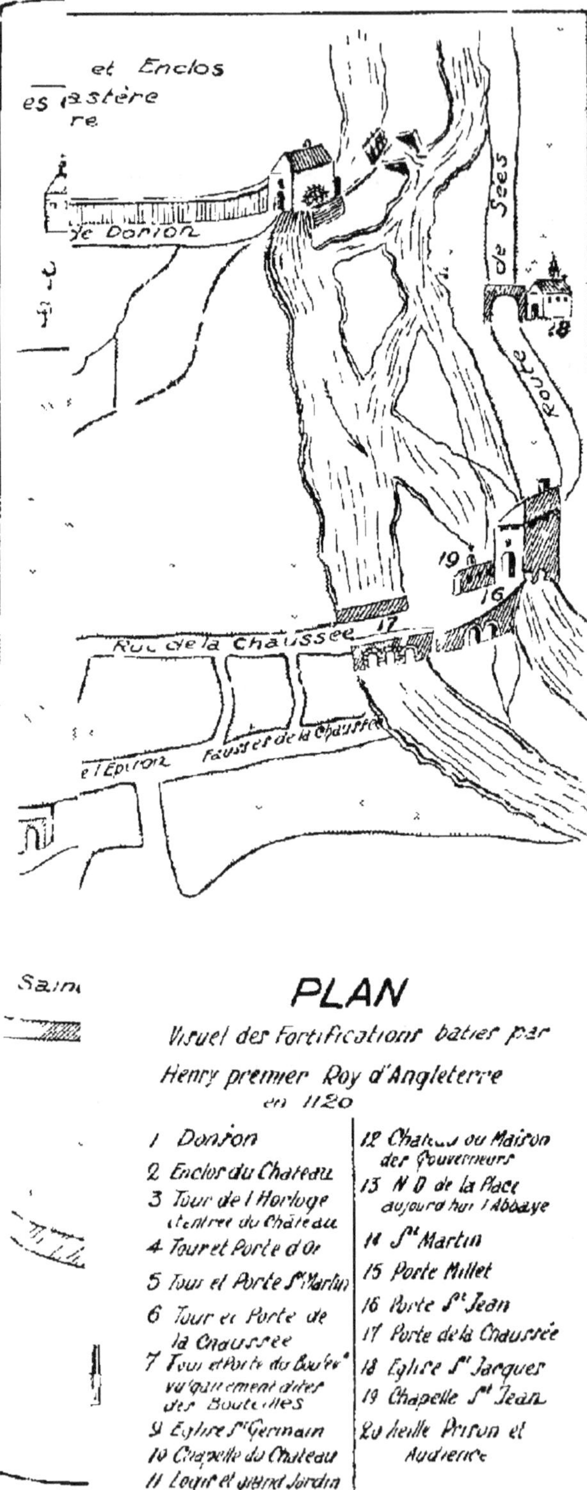

rt,
ue
on et
la
la
r-
is
l.)

sé
it
lu
lu

le
la
e-à
e
e
is
er
;

u
;

l-
l-

e-

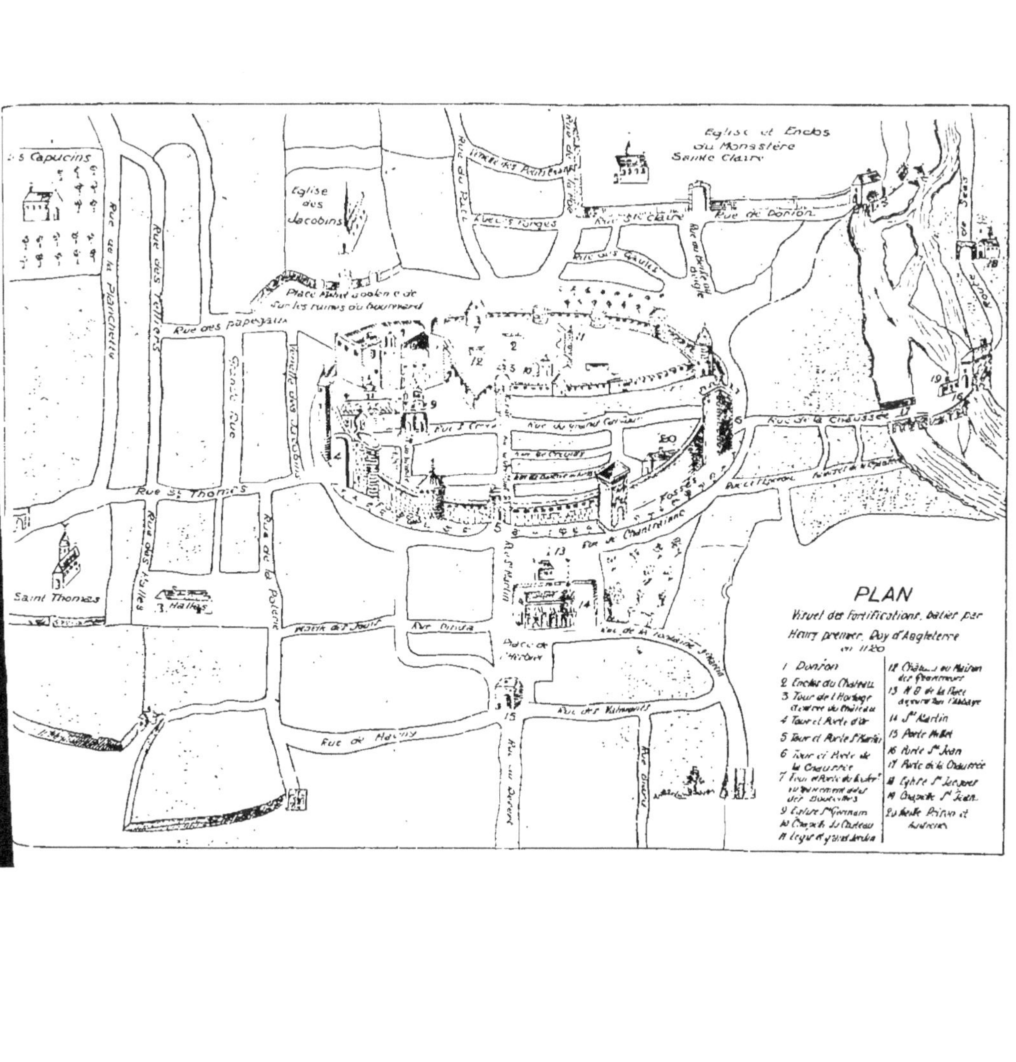
Les Capucins
Eglise des Jacobins
Eglise et Enclos du Monastère Sainte Claire
Rue du Pont
Rue des Pénitentes
Rue des Forges
Rue des Gaules
Rue au Boile du Change
Rue Ste Claire
Rue du Donjon
Rue de la Planchette
Rue des Tanneurs
Rue des Papegaux
Grande Rue
Venelle des Jacobins
Place Mahir a Polore de Sur les ruines du Bourgneuf
Rue St Thomas
Rue des Halles
Rue de la Poterie
Saint Thomas
Les Halles
Rue S Croix
Rue du grand Carreau
Rue de la Chaussée
Rue St Martin
Rue de Chantriane
Fossés
Rue Cl Fleuron
Place de l'Abbaye
Rue Oudin
Rue de la fondation St Martin
Rue de Mailly
Rue des Relmayus
Rue au Donjon
Rue Oudin

PLAN
Visuel des Fortifications, baties par
Henry premier, Roy d'Angleterre
en 1120

1 Donjon
2 Enclos du Château
3 Tour de l'Horloge et entrée du Château
4 Tour et Porte d'or
5 Tour et Porte St Martin
6 Tour et Porte de la Chaussée
7 Tour et Porte du Redre et logement des des Boutevilles
9 Eglise St Germain
10 Chapelle du Château
11 Logis et grand Jardin
12 Château ou Maison des Gouverneurs
13 N D de la Place ou ci-devant l'Abbaye
14 St Martin
15 Porte Millet
16 Porte St Jean
17 Porte de la Chaussée
18 Eglise St Jacques
19 Chapelle St Jean
La Seule Prison et Justices

Les Capucins
Eglise des Jacobins
Eglise et Enclos du Monastère Sainte Claire
Rue du Puits
Rue Ste Claire
Rue de Donjon
Rue des Forges
Rue des Gaules
Rue de la Boule du Gueja
Place Michel appelée de sur les ruines du boulevard
Rue des papegaux
Rue de la Planchette
Rue des Tailles
Grand Rue
Venelle des Jacobins
Rue St Thomas
Saint Thomas
Halles
Venelle des Jours
Rue de la Adorne
Rue Dinda
Rue St Martin
Place de l'Herbier
Rue St Cerveux
Rue du Grand Cerdeur
Rue de Circuits
Rue de la Chaussée
Rue de Fleurie
Rue de Chantalibac
Rue de la Fontaine St Martin
Rue des Kalanans
Rue de Maginy
Rue du Détour

PLAN
Visuel des fortifications, bâties par
Henry premier, Roy d'Angleterre
en 1120

1 Donjon
2 Eacles du Château
3 Tour de l'Horloge, entrée du Château
4 Tour et Porte d'Or
5 Tour et Porte St Martin
6 Tour et Porte de la Chaussée
7 Tour et Porte des Andres qui servait d'entrée des Boulevards
9 Eglise St Germain
10 Chapelle du Château
11 Logis du grand bailli
12 Château ou Maison des Gouverneurs
13 N.D. de la Place aujourd'hui l'Abbaye
14 St Martin
15 Porte Michel
16 Porte St Jean
17 Porte de la Cadastrie
18 Eglise St Jacques
19 Chapelle St Jean
20 Henle Prison et Audience

*Couronnées de parapets crénelés pour la plupart,
elles étaient flanquées de 16 tours tant rondes que
carrées, éloignées les unes des autres d'environ
100 pieds. Ces tours étaient surmontées de créneaux et
de mâchicoulis, comme on peut en juger par la vue de la
tour Marguerite. Du côté de Saint-Martin, de la
Chaussée et du Beigle, les fossés présentaient une largeur de 50 à 80 pieds et se trouvaient toujours remplis
d'eau.*

(Le Vieil Argentan, par E. Vimont, page 51.)

L'intérieur de cette seconde enceinte était divisé
en deux parties séparées par un rempart qui partait
du donjon pour aller aboutir près des fontaines du
Beigle. Ce rempart était garni de tours et défendu
par un fossé.

La première de ces deux parties contenait la ville
proprement dite, c'est-à-dire la rue de l'Horloge, la
place Henri-IV, les rues Traversière, de la Vieille-
Prison, du Griffon, la rue Saint-Martin jusqu'à
la rue de la République, la rue du Vicomte et une
fraction de la rue Saint-Germain.

La seconde de ces deux parties renfermait le
Château et ses dépendances, c'est-à-dire : le *Palais*
ou *Grand-logis*, qui était la demeure du roi Henri Ier
dans les fréquents voyages qu'il faisait à Argentan ;
la *Maison du Gouverneur*, qu'on nommait particulièrement le *Château* (1) et qui était située vers le milieu
de la place actuelle du marché ; la *Salle des comptes*,
qui était attenante à ce dernier édifice et qu'on nommait ainsi parce qu'on y faisait la recette et la comp-

---

(1) Le *château* de cette époque n'occupait donc pas l'emplacement du *château* actuel.

tabilité des receveurs du domaine ; enfin, le *Donjon*.

Deux églises, dans l'enceinte du Château, furent bâties avec les fortifications de la nouvelle ville et le Palais par Henri Ier, roi d'Angleterre et duc de Normandie, après la bataille de Tinchebrai qui le mit en possession du duché en 1106.

L'une, dédiée à Saint-Feuillet, fut édifiée avec le donjon et construite dans l'épaisseur de ses murs pour l'usage de la garnison. J'ai vu encore en place la table de l'autel et les filets de la voûte qui avait été détruite par la démolition du haut des murs du donjon et des créneaux qui en faisaient le couronnement.

La seconde, qui était la chapelle domestique du palais ou grand logis, dit vulgairement aujourd'hui le Château, existe encore dans le pavillon, vers le nord, du côté de la cour.

On y voit au haut de la croisée trois forts crochets de fer qui soutenaient un écusson aux armes dudit Henri qui fit bâtir ce palais pour son logement lorsqu'il revenait dans cette ville. Il en fit dédier la chapelle aux saints Côme et Damien et la dota de 16 livres de rentes. Cette somme, qui paraît aujourd'hui bien modique, était considérable au commencement du XIIe siècle.

On y accédait de l'escalier du palais par une galerie à droite, en dehors, qui y conduisait ; le roi entrait de sa chambre dans la chapelle.

Quoiqu'elle ne conserve plus sa décoration on la reconnaît encore aux croisées de la forme de celles de nos églises, et, dans l'intérieur, par une niche ornée d'architectures qui servait à déposer la burette et laver les doigts du célébrant.

(Manuscrit de Colleville, page 76.)

Les capitaines ou gouverneurs avaient leur logement dans l'enceinte de la forteresse. Henri Ier, qui fit bâtir les dernières fortifications d'Argentan, fit édifier, dans l'enceinte du château, un corps de bâtiments voisin de son palais que les anciens actes nomment la maison du Gouverneur. Ces officiers l'ont occupée jusque vers la fin du 16e siècle.

(Manuscrit de Colleville, page 170.)

Pour pénétrer dans la première partie (ville) il y avait trois portes :

La *porte de la Chaussée*, située dans la rue de ce nom, vers l'extrémité de la rue du Point-du-Jour ; la *porte Saint-Martin* ou de *Notre-Dame-de-Pitié*, vers l'intersection des rues Saint-Martin et de la République ; la *porte d'Or* qui se trouvait dans la rue Saint-Germain, près de l'angle formé par les rues Saint-Germain et de l'Hôtel-de-Ville.

Une quatrième porte, nommée d'abord *porte du Château* et plus tard *porte de l'Horloge,* faisait communiquer la première partie avec la seconde, c'est-à-dire l'enclos de la ville avec celui du château.

Cette porte était située à l'extrémité de la rue de l'Horloge, sur la place du marché.

Ces quatre entrées étaient couvertes chacune d'une tour d'où on faisait descendre au besoin une herse qui précédait la porte et en empêchait l'approche.

Pour pénétrer dans la seconde partie (château), il y avait quatre portes. Nous ne citerons que les deux principales : la *porte du Palis* appelée plus tard *porte des Bouteilles*, située entre le donjon et le château ; la petite *porte du cimetière* qui se trouvait près de l'église Saint-Germain.

CHATEAU FORT

Cette troisième ligne de défense était constituée par les fortifications qui entouraient la seconde partie de l'enclos délimité par le bail intérieur.

DONJON

Nous prenons les renseignements suivants dans les *Recherches historiques* de M. Pigeon :

Comme le capitole de Rome, le donjon d'Argentan regardait sur la ville et sur les environs de la hauteur de ses trente coudées (vingt mètres).

Cette forteresse, de forme ovale, mesurait soixante mètres de long et trente mètres de large.

Son enceinte, formée par six pans de murailles, décrivait en dedans, dit un manuscrit, deux demi-ronds formant deux demi-lunes. Au dehors, elle accusait un plus grand nombre d'angles, à cause des bastions carrés construits en saillie sur le corps principal.

C'était par les côtés de ces bastions que les assiégés pouvaient accabler les assiégeants qui auraient tenté l'escalade de la citadelle par les courtines, car les assiégeants, contraints qu'ils étaient de présenter à leurs adversaires la partie du corps qui n'était pas couverte par le bouclier, se trouvaient, d'après la stratégie ancienne, dans la position la plus désavantageuse pour combattre.

Des retraites, des échauguettes et des corps de garde étaient pratiqués, de distance en distance, dans les murailles dont l'épaisseur, non compris le parapet crénelé à la manière des anciens, avait assez de largeur au sommet pour offrir aux défenseurs du donjon un chemin circulaire, commode et facile sur lequel plusieurs hommes de front pouvaient, sans se nuire, faire le tour de la forteresse et se porter en nombre sur tous les points les plus menacés.

A l'extérieur, la base des murailles était faite en glacis (1) qui s'élevait à une hauteur inusitée dans nos fortifications modernes. Ce glacis, que l'on voit encore aujourd'hui sur la parcelle restante du donjon, avait le double avantage de donner une plus grande solidité à la partie de la forteresse la plus exposée aux coups du bélier, et de tenir à portée du trait des assiégés ceux qui auraient tenté de s'approcher du pied des remparts, après avoir franchi les fossés aussi larges que profonds qui entouraient la citadelle (2).

Au milieu de l'enceinte était le logement des gens de guerre, dans lequel trois cents hommes de pied pouvaient se mettre à couvert. Un puits fournissait autant d'eau qu'il en fallait pour les besoins de la garnison. De vastes souterrains servaient de magasins pour les approvisionnements, en cas de blocus, tandis que de nombreuses casemates voûtées, dont il reste encore quelques vestiges dans l'épaisseur des murs, offraient une retraite sûre aux défenseurs du donjon, en les mettant à l'abri des projectiles qui pouvaient être lancés du dehors dans l'enceinte de la citadelle. D'autres souterrains moins larges, mais plus nombreux, se diri-

(1) Pente.

(2) D'après divers auteurs, la pente que l'on constate au pied du donjon avait encore un autre but :

Lorsque les assiégés jetaient des blocs de pierre, ces blocs, au lieu de tomber directement dans le fossé, étaient rejetés par cette pente vers les assaillants.

geaient, en sens divers, sur plusieurs points éloignés de la forteresse. Quelques-uns même avaient leur issue au loin dans la campagne. D'autres se dirigeaient du côté de la rivière. Toutes ces dispositions permettaient aux assiégés de faire des sorties pour surprendre l'ennemi, ou pour se procurer de l'eau au besoin.

De l'étude de M. Guillochim, intitulée : *Le donjon d'Argentan, ses origines, son histoire*, nous détachons les passages suivants :

Dans leurs mémoires sur les antiquités d'Argentan, Héremberg du Paty et le sieur de Bordeaux, cités par l'abbé de Courteilles, nous décrivent le donjon en ces termes : « Il était d'un aspect agréable, d'une grande « régularité de forme et de structure plaisante. Les « carreaux employés pour sa construction étaient « artistement ciselés, si bien rangés et ajustés qu'ils « attiraient les yeux de tous les passants. Ses murailles « étaient cimentées à chaux vives et toutes à taille de « carreau par dedans et par dehors. » Simon Prouverre, exagérant un peu, déclare que « cette forteresse comptait parmi les plus considérables du royaume. » De la cour du château on y accédait par une grande et solide porte tendant à un pont-levis qui permettait de franchir le fossé et d'arriver au pied du donjon, dans le mur duquel existait, à droite, une porte étroite et basse à peine suffisante pour le passage d'un homme. De là, par un escalier de pierre, pris à même la muraille, on montait jusqu'à la plate-forme surmontée de créneaux et de mâchicoulis.

En résumé, le donjon, dont il ne reste malheureusement plus que le côté oriental, était une forteresse octogonale embrassant, d'après Lautour-Montfort, un terrain de 25 toises. La hauteur de ses murs atteignait 60 pieds sur 10 pieds d'épaisseur à la base et l'intérieur était rempli de terre jusqu'à la hauteur de 40 pieds. Entouré de fossés pleins d'eau, flanqué de courtines avec angles obtus et saillants, il se terminait par une vaste plate-forme qui commandait toute la ville et ses alentours.

A l'est, sur des sommiers en saillie, on remarquait un pavillon et une tourelle dite « échauguette » où veillait constamment une sentinelle chargée de donner l'alarme en cas d'attaque.

Dans l'épaisseur de la construction, étaient édifiés plusieurs corps de garde et contre la muraille, au levant (1), une petite, mais très jolie chapelle de 7 mètres de longueur sur 3 de largeur, dédiée à saint Fellier et but de fréquents pèlerinages, à l'intention des enfants malades. L'emplacement exact de cette chapelle est maintenant ignoré. Lautour-Montfort, dans son manuscrit, mentionne seulement que de son temps, en 1745, « la venelle du donjon montait du marché neuf « à l'endroit où était autrefois la chapelle Saint- « Fellier. » Du saint lui-même, nous ne savons rien ; on pense que c'était un prêtre du diocèse de Lisieux.

La forteresse, au centre de laquelle existait un puits très profond, renfermait, en outre, plusieurs cachettes, ainsi qu'il était d'usage à cette époque de guerres continuelles. Enfin, du donjon, partaient des souterrains passant sous les contre-escarpes et allant, dit-on, jusqu'à la forêt de Gouffern. Rien toutefois ne confirme cette dernière assertion et l'on a seulement retrouvé,à

(1) Du côté de la place Mahé.

diverses époques, des vestiges de ces souterrains sur plusieurs points de la ville, notamment sous les rues de la Planchette et Paul-Boschet.

Des ouvriers ont découvert, en 1727, lorsqu'on disposait l'intérieur du *Grand logis*, pour y transférer le siège des juridictions, un chemin souterrain qui paraissait tendre à la citadelle.

Nous avons vu plus haut que divers auteurs attribuaient aux Romains la construction d'une partie du donjon d'Argentan :

D'après Ordéric Vital, « Henri Ier fit bâtir le donjon et le château » :

Henri Ier, roi d'Angleterre, suivant le récit du moine de Saint-Evroult, Ordéric Vital, contemporain et presque témoin oculaire de ces événements, releva, en 1134, les fortifications et le château d'Argentan.

(Histoire de Saint-Germain d'Argentan par l'abbé Laurent, p. 17.)

On lit aussi dans les manuscrits de Courteilles et Bailleul, reproduits et complétés par Estienne de Colleville : « Au bout de l'enclos du château, vers l'orient, Henri fit élever une citadelle ou donjon qui dominait sur toute la ville et le château. »

J.-A. Germain, dans son *Histoire d'Argentan*, nous dit : « Henri fit établir la citadelle ou donjon et le château ou maison du gouverneur. »

Enfin, dans son *Vieil Argentan*, M. Eugène Vimont écrit : « En 1134, Henri Ier se servit des matériaux des anciennes murailles pour établir de nouvelles fortifications, le donjon et le château. »

Ce dernier passage expliquerait la présence, dans

les murailles du donjon, de matériaux d'une époque très antérieure à leur construction.

Le roi anglais, après avoir fait élargir les fossés d'Argentan, pendant les mois d'août et d'octobre 1135, quitta cette ville. Arrivé à Saint-Denis-en-Lyons, il tomba malade et mourut le 1er décembre de la même année. A la nouvelle de sa mort, *Mathilde*, sa fille, vint en Normandie. Argentan ouvrit ses portes à cette princesse qui trouva dans cette place une retraite sûre pendant les guerres qu'elle et son mari, Geoffroi Plantagenet, eurent à soutenir contre Etienne, comte de Blois, neveu du feu roi, qui leur disputait l'Angleterre et la Normandie. Ils y furent assiégés par Etienne avec une armée composée de Flamands et de Normands que commandait Guillaume d'Ypres. Mais un différend qui s'éleva dans cette armée empêcha de continuer le siège et donna lieu à une trêve de deux ans qui fut conclue au mois de juillet 1137.

L'impératrice Mathilde habita, rue des Vieilles-Halles, un immeuble situé, non à la place du n° 2, comme on l'a supposé, mais sur le terrain où l'on voit aujourd'hui l'Institution Jeanne-d'Arc.

Le *Manuscrit Lautour-Montfort* contient, en effet, l'annotation suivante :

La maison anciennement occupée par l'impératrice Mathilde était située en face de la place de la Boucherie. Le sieur du Berne, receveur des tailles, la fit détruire de fond en comble, en 1735, pour en édifier une autre bâtie dans le goût du xviiie siècle.

On verra plus loin que la place de la Boucherie était la partie de la rue des Vieilles-Halles située devant l'Institution Jeanne-d'Arc.

En 1150, après la mort de son mari, Mathilde abandonna la Normandie à Henri, son fils, et se réserva, entre autres domaines, celui d'Argentan et le château de cette ville qu'elle habita.

C'est elle qui fonda dans cette localité la foire franche dite *au chambellan* ou *de la Pentecôte* à laquelle se rapporte le passage suivant :

Le propriétaire de la sergenterie au Breton, *branche de Mortrée, était obligé d'offrir chaque année au domaine d'Argentan* un chapeau de roses vermeilles. *Ce chapel de roses était présenté au prévôt du domaine royal sous le pavillon de bois vert qui se faisait lors de la foire au Chambellan.* Ce chapel *était payé 12 deniers par le prévôt.*

(Eug. Vimont : Le Vieil Argentan, page 173.)

Mathilde accorda aux habitants d'Argentan le privilège de prendre pour armoiries de leur ville ses propres armes, c'est-à-dire l'aigle impériale à deux têtes (avec cette légende : *Jovi mea serviet ales*), qu'elle tenait de son premier époux l'empereur d'Allemagne, Henri V, mort en 1125 (1).

Henri II, fils de Mathilde, fut, comme sa mère, le protecteur d'Argentan, qui l'avait vu naître en 1133, Il se plut à y séjourner fréquemment et sa présence éleva la splendeur de la ville à son apogée. Remplie de nobles dames, de brillants seigneurs, de vaillants chevaliers, elle voyait journellement se dérouler dans ses rues de joyeuses et fastueuses cavalcades ; elle assistait aux tournois où la fleur de la chevalerie

(1) Cette légende, qui signifie : « Mon aigle restera soumise à Jupiter », n'a pas été conservée dans les armes d'Argentan. L'aigle désignait, dit-on, une famille noble allemande et Jupiter l'empereur d'Allemagne. — Voir page 222.

anglaise et normande venait lutter de vigueur et d'adresse devant les beaux yeux des gentes damoiselles ; par ses portes s'élançaient chaque matin des troupes de veneurs qui s'en allaient poursuivre le cerf ou le sanglier dans la forêt de Gouffern.

En 1157, Henri II, roi d'Angleterre et duc de Normandie, fils de Mathilde, étant au palais d'Argentan, rassembla dans cette ville toutes les forces militaires de la Normandie pour combattre Conan, duc de Bretagne, son vassal.

Il y convoqua, en 1172, tous les comtes et barons du duché dans le but d'examiner avec eux les moyens d'exécuter la conquête de l'Irlande qu'il voulait unir à l'Angleterre ; cette entreprise y fut délibérée et lui réussit.

En 1173, il en dédia l'hospice à saint Thomas, l'agrandit et fit construire l'église de cet établissement.

Voici dans quelles circonstances, d'après l'*Almonach argentenois* de J.-L. Chrétien, année 1836 :

En 1168, le roi reçut les légats du pape qui venaient pour le reconcilier avec saint Thomas (Thomas Becket), archevêque de Cantorbery, contre lequel plusieurs évêques d'Angleterre étaient venus lui porter des plaintes. L'archevêque rentré dans les bonnes grâces du roi les conserva peu de temps. De nouvelles plaintes les lui firent perdre.

Lorsque Henri les reçut, il était au château d'Argentan ; dans sa colère il se servit d'expressions qui marquaient le désir qu'il avait d'être débarrassé de cet archevêque, peut-être trop entier dans la défense de ses droits et des privilèges de son église.

Quatre gentils hommes normands, animés par le discours du roi, partirent de cette ville, passèrent en Angleterre où ils assassinèrent ce prélat le 30 novembre 1170, devant l'autel de la Métropole.

Le roi, fâché d'avoir donné occasion à sa mort, s'en excusa et en fit pénitence ; il répara le scandale qu'il avait causé en faisant dédier l'église de l'hôpital des malades de cette ville sous l'invocation de ce nouveau saint, après sa canonisation qui se fit dès 1173 (1).

Dans *La Normandie monumentale et pittoresque,* M. Louis Duval dit à ce sujet :

Ce n'est pas de ce château que partirent les quatre chevaliers qui, le lendemain de la fête des Innocents 1170, assassinèrent l'archevêque de Cantorbéry dans sa cathédrale, comme l'ont cru nos chroniqueurs ; mais c'est là que le roi, après l'accès de colère furieuse, qui eut pour théâtre le château de Bures et qui eut les conséquences que l'on sait, reçut la nouvelle du meurtre odieux commis par ses familiers.

Il en éprouva un violent chagrin, dit l'abbé de Petersborough : « Livré au désespoir, il fut trois jours sans manger, couvert d'un cilice et couché sur la cendre, ne voulant entendre ni voir personne. Il resta ainsi cinq semaines dans la solitude, les portes closes, menant la vie la plus triste et la plus digne de pitié jusqu'à ce que Rotrou, archevêque de Rouen, et les autres évêques de Normandie fussent venus le consoler. »

(1) On peut voir, dans l'oratoire des religieuses desservant l'hospice, le peigne de Thomas Becket, énorme ustensile en ivoire, dentelé des deux côtés, qui, aux temps anciens, servait à démêler les cheveux des officiants avant de monter à l'autel.

A cette époque, la santé publique laissait fort à désirer et les hôpitaux, encombrés de malades, méritaient plus que jamais la sollicitude des gouvernants.

La lèpre, qui apparut en France à la fin des croisades, aggrava cette situation et rendit nécessaire la création d'établissements spéciaux nommés *léproseries*.

Nous empruntons les passages suivants à l'*Histoire d'Argentan* de J.-A. Germain :

La lèpre était une gale d'une espèce horrible ; les juifs en furent attaqués plus qu'aucun peuple des pays chauds, parce qu'ils n'avaient ni linges ni bains domestiques.

Tout ce que nous gagnâmes à la fin des croisades, ce fut cette gale ; de tout ce que nous avions pris, elle fut la seule chose qui nous resta. Il fallait bâtir partout des hôpitaux spéciaux qu'on appela léproseries ou maladreries, pour y renfermer les malheureux croisés, attaqués d'une gale pestilentielle et incurable, La nature contagieuse de la lèpre isolait ces établissements dans les faubourgs des villes et dans les campagnes. On dota parfois les hospices, mais souvent on ne le fit pas ; et les pauvres lépreux furent obligés de mendier. On leur jetait un morceau de pain, parce que l'on n'osait pas le leur mettre dans la main, de crainte de gagner la maladie en les touchant. Les règlements de police qu'on fit alors pour garantir la santé publique nous apprennent que les lépreux étaient tenus d'avoir à la main une sonnette ou une crécelle, quand ils marchaient dans les rues et dans les chemins; qu'ils devaient, avec ces instruments, avertir de leur approche, et, s'ils voyaient quelqu'un venir vers eux, ils devaient s'éloigner.

Au commencement du XIIIe siècle, on comptait en France plus de deux mille léproseries : la ville d'Argentan en comptait trois dans ses environs.

LÉPROSERIE DE SAINT-MARTIN-DES-CHAMPS

Cet hôpital, nommé Grande-Maladrie, fut établi vers la fin du XIIe siècle pour les malheureux affligés de la lèpre. Il était à Argentan le principal établissement de ce genre.

Il fut placé dans les champs, vers le nord, hors de la partie habitée du faubourg, au village de Mauvais-ville (1).

Cette maladrerie, appelée aussi « léproserie de la Madeleine », fut réunie à l'hospice Saint-Thomas en 1694.

LÉPROSERIE DE SAINT-ROCH-DES-TERTRES

Fondée par les bourgeois d'Argentan, dans le XIIIe siècle.

Cet établissement était éloigné de la ville d'Argentan d'un kilomètre et tout à fait isolé dans les champs, entre la commune de Sévigny et le faubourg des Maisons-Bruneaux.

---

(1) Les habitants de Saint-Christophe-le-Jajolet, commune voisine de cet établissement, furent autorisés à y faire soigner leurs lépreux. Le jour de la Saint-Marc, les paroissiens d'Argentan s'y rendaient en procession et chacun y donnait un « denier d'oblation » appelé le « denier au ladre ». Jusqu'à la Révolution, chaque nouveau marié d'Argentan versa 5 sous au profit de cet hôpital.

*Lorsque la lèpre cessa de désoler notre pays, l'ancien
hôpital de Saint-Roch fut réuni à l'Hôtel-Dieu d'Argentan. Les bâtiments furent détruits successivement ;
il ne reste plus que l'église qui tombe de vétusté. De nos
jours on y allait en procession à l'époque des Rogations.*

Léproserie de Moulins-sur-Orne

*Cet hôpital, de fondation bourgeoise, date du XIIe
siècle. Il était spécialement consacré à la séquestration
des malheureux affligés de la lèpre.*

*La léproserie de Moulins était située dans la commune
de ce nom, au village de Belœuvre, au milieu des champs
et loin des habitations. Les bâtiments, étant devenus
sans utilité, ont été détruits successivement. Les biens
sont définitivement acquis à l'hospice d'Argentan.*

(Page 296 et suivantes.)

Lorsque la lèpre commença à disparaître, le choléra
fit son apparition.

J.-A. Germain, dans son *Histoire d'Argentan,* dit
à ce sujet :

*... Un fléau terrible affligeait la triste humanité :
on l'appelait la* peste noire. *Tout fait présumer que
c'était le choléra de nos jours. Les ravages étaient d'autant plus multipliés qu'à cette époque il n'y avait pas
d'hygiène connue ou observée.*

*Grossière débauche, nulle retenue. Partout ignorance,
superstition, barbarie. En France, la plupart des
laboureurs ayant succombé, les terres demeurèrent
incultes. Dans les deux seules années de 1347 et 1348,
la France vit périr la moitié de ses habitants.*

(Page 334.)

Après la mort de Henri II (1), survenue en 1189, sa veuve, Eléonore d'Aquitaine, fixa sa résidence au château d'Argentan et y reçut les fréquentes visites de Richard-Cœur-de-Lion, son fils préféré et successeur du roi.

En 1199, après la mort de Richard, un autre fils d'Eléonore, Jean sans Terre, devenu roi à son tour, y tint cour plénière aux fêtes de Noël ; mais les habitants indignés contre cet usurpateur qui avait lâchement massacré son neveu, le jeune Arthur de Bretagne, se donnèrent, en 1202, à Philippe-Auguste, roi de France.

Les titres primitifs et en particulier ceux de l'Hôtel-Dieu, qu'on avait déposés pour leur conservation dans le château, furent brûlés par les Anglais lorsqu'ils abandonnèrent la ville en 1202.

Ainsi s'explique la disparition de tous les titres et documents historiques de cette localité antérieurs au XIIIe siècle.

Le domaine d'Argentan, après avoir été entre les mains de Philippe le Hardi et de Philippe le Bel, fut donné par ce dernier à Mathieu de Montmorency, en 1295, à la charge d'une paire d'éperons d'or pour hommage.

En 1356, lorsque les Anglais pénétrèrent en Normandie, Charles de Montmorency, petit-fils de Mathieu, jouissait du domaine d'Argentan.

Ils prirent et pillèrent cette ville et brûlèrent le château où périrent encore tous les titres publics.

______

(1) La fille de Henri II donna le jour, à Argentan, en 1182, à un fils qui devint empereur d'Allemagne.

Argentan resta sous la domination anglaise jusqu’en 1360.

Les Anglais ayant été forcés d’abandonner cette place, Marie de Montmorency eut à son tour le domaine d’Argentan ; elle s’en dessaisit par vente en 1372, en faveur du prince de Valois, comte d’Alençon, arrière petit-fils de saint Louis.

On lit dans un discours prononcé en 1910 à Argentan par M. Sarazin :

Le comte Pierre II d’Alençon, surnommé le Bon, époux de Marie de Chamaillard, vicomtesse de Beaumont et autres lieux, acquit, en 1372, la vicomté d’Argentan, avec autres biens, de Jean de Chastillon et de Marie de Montmorency, sa femme.

Il paraît même qu’il fit une très bonne affaire, car, quelque temps après, Chastillon fut mis en curatelle à cause de son petit sens et prodigalité.

Le chroniqueur Perceval de Cagny nous apprend que le duc Pierre II fit bâtir de belles chapelles et les châteaux d’Alençon, d’Argentan et d’Essai. Il faut évidemment y comprendre le château que vous voyez encore aujourd’hui et la chapelle Saint Nicolas.

Il serait plus exact de dire, avec M. Alfred de Guyon, que Pierre II *répara* et *embellit* le château d’Argentan construit par Henri Ier (Voir page 50) :

Pierre II, comte d’Alençon, lui donna aussi (à Argentan) des preuves nombreuses de sa bienveillance ; en 1374, il confirma à l’Hôtel-Dieu le don des coutumes des foires de Quasimodo et de Saint-Pierre-aux-Liens ;

il s'attacha à réparer et à embellir le château où il mourut en 1404.

(Alfred de Guyon : Notice historique et archéologique sur l'arrondissement d'Argentan, p. 138.)

Cet autre passage corrobore le précédent :

Durant l'occupation anglo-normande, Argentan fut un séjour de prédilection pour les descendants de Rollon.

Or, la demeure royale ne possédait alors qu'une petite chapelle dédiée à saint Côme et à saint Damien, construite en 1135 dans un des pavillons du château, et dont on voit encore aujourd'hui les fenêtres ogivales.

(Histoire de Saint-Germain, par l'abbé Laurent, page 22.)

D'ailleurs, d'après Lautour-Montfort (voir son manuscrit p. 42), le château d'Argentan date de Henri Ier et non de Pierre II.

Le château d'Argentan, que les rois d'Angleterre avaient habité, devint alors le principal domicile de Pierre de Valois et des princes ses successeurs.

Pierre II, comte d'Alençon, y demeura pendant douze ans. Il mourut à Argentan en 1408 (1).

Sa mère, Marie d'Espagne, dota la ville d'une horloge qui était la plus belle de la Normandie ; elle fut installée sur la porte du château qui, pour cette raison, prit le nom de *porte de l'Horloge.*

---

(1) En 1404, d'après Mannoury. — Il fut transporté au Val-Dieu, où on l'inhuma.

Marie d'Espagne fit bâtir sur la tour de cette porte
un édifice couvert de plomb et d'ardoises sur la façade
duquel fut placé le cadran.

En 1417, les Anglais repassèrent en France et
assiégèrent Argentan. Le commandant du fort,
nommé Cormeno, leur livra cette place par capitulation.

Le roi Henri en confia la garde à Guillaume
Wimington, officier anglais, et se réserva le palais
et le domaine de cette ville.

Le roi anglais, pour mettre en sûreté la ville d'Argentan qu'il affectionnait, fit construire de nouveaux
forts en avant de la porte de la ville, du côté du quartier Saint-Martin. On détruisit, à cet effet, l'église
Notre-Dame-de-la-Place, voisine de cette porte, on
bouleversa les rues du faubourg, qui furent en partie
dépavées, et l'on supprima beaucoup de maisons.

La construction de l'*avant-porte* et *tour Saint-
Jean*, bâties sur le petit pont de l'Orne, eut lieu
probablement à cette époque.

Les Anglais, restés maîtres de la Normandie
jusqu'en 1449, en furent chassés par Charles VII,
ainsi que des autres places du royaume dont ils
s'étaient emparés.

Après avoir pris la ville d'Exmes, les soldats de
Charles VII mirent le siège devant Argentan que la
garnison anglaise défendit, mais les bourgeois en
ouvrirent les portes aux assiégeants et la garnison,
retirée dans le donjon, fut forcée de capituler.

Les chroniques de Monstrelet contiennent un
compte rendu de ce fait d'armes, nous le reproduisons
partiellement :

Après le partement d'Yesmes, s'en alla la dicte armée avec le dict comte de Dunois devant la ville et chasteau d'Argentan où ils meirent le siège et tantôt les Anglois, qui dedans estoient, feinctement commencèrent à parlementer, combien qu'ils n'avaient aucune voulonté d'eux rendre. Et quand les bourgoys et autres habitants veirent et cogneurent les Anglois ainsi abuser les François à parlementer, cognoissant aussi que leur voulonté estoit d'eux tenir contre la puissance des François et qu'ils disoient au plus loing de leur pensée, les dicts bourgoys et habitans appelèrent aucuns des dicts François du costé où ils ne parlementoient poinct et leur dirent la voulonté des Anglois.

Pourquoi leur demandèrent estendart, bannière ou autre panonceau pour enseigne et leur dirent que là où ils mettroient la dicte enseigne, ils veinssent sûrement et ils bouteroient dedans la dicte ville et ainsi le feirent...

Les Anglais se retirèrent dans le château puis on tira contre les murailles une grosse bombarde qui fît un trou assez grand pour passer une charrette. Alors

... les François assaillyrent iceluy chasteau et entrèrent dedans parmy le dict trou. Les dicts Anglois se retirèrent diligemment au Donjon, lequel ils rendirent incontinent de paour d'être pris d'assaut et, combien qu'ils demandassent composition, ils n'emportèrent chascun qu'un baston en son poing.

(Cité par M. Sarazin dans le discours dont nous avons parlé plus haut et par M. Guillochim dans Le donjon d'Argentan.)

Au sujet de cet événement, nous lisons encore dans la notice de M. Guillochim :

Jean, comte de Longueville et de Dunois, avait alors 42 ans.

Nommé depuis peu lieutenant-général des armées du roi, il vint, sur l'ordre de Charles VII, tenter la reprise d'Argentan sur les Anglais.

Accompagné des comtes de Saint-Pol, de Clermont et de Nevers, il se présenta devant nos murs au mois de septembre 1449. La garnison anglaise, qui avait pour capitaine Olivier de Coursaillon, gouverneur de la ville, voulut parlementer, mais les habitants d'Argentan ne lui en laissèrent pas le loisir...

Après avoir reproduit la relation de Monstrelet, M. Guillochim ajoute :

Il existe de ce fait d'armes une seconde version à peu près semblable, mais beaucoup moins connue. Nous la devons à Martial d'Auvergne qui écrivit en 1493 une chronique rimée intitulée les Vigilles *de* Charles VII. *Nous en donnons l'extrait suivant :*

Le vingt-deuxième d'aoust
D'ycelui an quarante-neuf
Le roy s'en vint à tout son oust
A Chartres et à Chasteauneuf.

Après le comte de Dunoys
Lieutenant général du Roy
Saint Pol et aultres chiefs françoys
Se partirent en bel arroy.

En celte saison et même an
Les comtes de Clermont, Dunoys
Furent assiéger Argentan,
Nevers et aultres chiefs françoys.

Là d'entrée, canons si jettèrent
En faisant leur approchement
Tant que les Angloys se prièrent
Parler à eulx d'appointement.

Et pendant qu'ils parlementoient
Sur les articles de l'accord
Les Anglois fort se débatoyent
Pour gaigner le temps par discord.

Et, pour ce, les gens de la ville,
De l'autre part, secrètement
Se tindrent entre eulx leur concille
Pour eulx garder de broullement

Car tous les Angloys de céans
Avoient serment et confiance
Tenir contre le roy, ses gens,
Et mettre la villle en défense.

Si prièrent lors les bourgoys
Pour pouvoir en ceste matière
A aulcuns des seigneurs françoys
Qu'on leur baillast une banière.

Disant que, où ils la bouteroient
Les François veinssent hardiment
Car dans la ville la mettroyent
Qui qu'en groignast aucunement.

Brief, comme les Angloys estoient
A la porte pour le traicté
Les Françoys sur les murs montoient
Pour entrer de l'aultre costé

Et alors, quand les Angloys veirent
Que la pluspart estoient dedens
Ils s'en allèrent et fouyrent
Au chastel avecque leurs gens.

Mais l'on jetta une bombarde
Contre les murs de telle amplette
Que fist ung pertuys et passarde
Où eust passé une charrette.

Les Françoys par le dict pertuys,
Au chastel quant et quant entrèrent
Par quoy les Angloys tost depuis
Au donjon si se reculèrent.

Si furent là poursuys de près,
Ainsi comme il estoit besoing
Et l'en partirent tost après
Un chacun le baston au poing.

Ainsi la ville d'Argentan
Si fust prinse en ceste manière
Où l'on eust mys bien demy-an
Si elle eust voulu tenir frontière.

Charles VII fit une entrée solennelle dans Argentan et enrichit de magnifiques présents l'église Saint-Germain.

En 1465, François, duc de Bretagne, revenant de Rome, où il était allé assister à la prise de possession du duché de Normandie par Charles, frère du roi, pilla, à son retour, la Basse-Normandie et s'empara d'Argentan.

Louis XI, à la tête d'une armée, reprit Argentan et, pour faire abandonner au duc breton le parti de Charles, arrêta avec lui un traité en cette ville.

Les archives de l'hôpital conservent le souvenir de ces temps difficiles. On y lit :

Pour le mois de mars 1468 s'est ensuivie granlt despence pour la cause de la guerre car l'ostel ne fut oncques sans gens.

(Archives de l'Hôtel-Dieu d'Argentan.)

Jusqu'à cette époque les fortifications d'Argentan avaient été entretenues en état de défense ; mais Jean II, duc d'Alençon, ayant eu ses domaines confisqués, ceux-ci furent rendus à René, son fils, vers l'an 1478, à la charge de détruire, en partie, les fortifications des places fortes de son apanage.

C'est alors que les doubles fortifications d'Argentan commencèrent à être démantelées et que le donjon eut son couronnement démoli.

D'ailleurs, l'usage de la poudre, dont on commençait à se servir dans les sièges, ne tarda pas à rendre les fortifications antérieures à cette invention hors d'état de lui résister longtemps.

A cette longue période d'oppression, succéda, enfin, pour Argentan, une suite d'années tranquilles.

CHAPITRE V

XVe Siècle

En 1402, Argentan se composait : du *Nouvel enclos*
et des faubourgs *Saint-Thomas*, du *Marchié*, de *La
Poterie*, de *Saint-Martin*, de *La Chaussée et Saint-
Jacques*, du *Beille* et de *La Noë*.

Nous indiquerons brièvement les particularités
les plus intéressantes que présentait, à cette époque,
chacune de ces divisions.

NOUVEL ENCLOS

Du palais ducal, que nous appelons aujourd'hui
le château, partait une galerie couverte de plomb doré
et ornementée de très belles fenêtres ; elle aboutissait à la *tour de la Reine*, qui se trouvait à l'angle
des murs du château sur le *Beille* ou *Beigle*.

Près de là, était la *chapelle Saint-Nicolas* qui existe
encore et qui fut construite, en 1373, par Pierre II,
comte d'Alençon et seigneur d'Argentan.

Sur le vitrage placé au-dessus de son autel principal
étaient peints Charles II, comte d'Alençon, et Marie
d'Espagne, père et mère du fondateur, représentés
à genoux. Une galerie conduisait à cette chapelle
de l'intérieur du palais.

C'est probablement vers la fin du XIVe siècle que
fut commencée l'église Saint-Germain que nous

6

voyons aujourd'hui. Sa construction dura plus de deux siècles.

La tour du nord ne dépassait pas, en 1410, ou presque pas, les longues fenêtres. Pour assurer la conservation de ses murailles on les avait provisoirement revêtues d'une « massive charpenterie couverte de thuille ». Ce provisoire dura plus de deux siècles.

(L'Eglise Saint-Germain, par l'abbé Antoine,
page 61.)

La grande nef existait dès cette époque, telle que nous la voyons aujourd'hui, ou à peu près, mais « sans voûte ni lambris. » Elle n'avait encore qu'un bas côté vers le midi, c'est-à-dire du côté de la place du Marché actuelle et n'était séparée de la rue que par un simple mur.

Le gros clocher contenait trois cloches d'un poids assez considérable, on les appelait le *gros seing*, le *second seing* et le *petit seing*. (Les anciens auteurs écrivent *saint* et non *seing*). On appelait les cloches du nom de *seing* (du latin *signum*) à cause de leur sonorité. On dit encore « le premier seing ». De là vient aussi le mot « tocsin » qui signifie « toquer le seing ».

Les chapelles du transept étaient en construction et le portail, non encore voûté, portait une toiture de chaume.

Le chœur, ou *chancel*, était formé de deux longs murs parallèles unis à leur extrémité par un troisième. Toute l'église était couverte en tuiles.

Il n'existait, tout d'abord, pour la paroisse, qu'un cimetière longeant la nef du côté de la rue et appelé le cimetière *ès-mêlés*. Il était clos par une muraille partant du petit portail pour aboutir au grand. De l'autre côté, le fossé du château touchait presque l'église.

En 1413, afin d'établir, vers le midi, un second cimetière, le gouverneur permit de combler le fossé sur une largeur de quarante pieds et d'y élever un mur d'enceinte. Le second cimetière était planté de trois rangées d'ormeaux. Au centre s'élevait une croix de pierre dont la tige, d'un seul morceau, mesurait cinq mètres de hauteur.

Il est probable que la position occupée par l'église entre la rue et les fortifications fut cause de son peu de largeur. C'est sans doute aussi pour cette raison qu'elle ne fut point ouverte dans sa partie inférieure, ainsi que cela se pratique habituellement.

L'autel était séparé du mur de l'église par un espace de quelques pieds, divisé en deux comparti-ments. L'un, au nord, appelé *revestiaire* (vestiaire) communiquait par une porte avec l'*Hôtel du curé*, ou presbytère, placé au chevet de l'église. C'était dans le *reves'iaire* que le *sieur curé*, pour dire la messe, se revêtait de ses ornements.

L'autre compartiment, nommé *sacraire*, condui-sait par un escalier de bois au sommet d'une pyra-mide sur laquelle on conservait le Saint-Sacrement enfermé dans une petite armoire.

Aux renseignements qui précèdent, nous ajouterons les suivants, glanés dans les ouvrages, soit manuscrits soit imprimés, relatifs aux églises d'Argentan.

Dans le chœur, ou *chancel*, de l'église Saint-Germain, sur une sorte de moulinet suspendu à gauche de l'autel, s'enroulait une longue bougie de cire pesant de 15 à 20 livres. Elle brûlait pendant chaque office. Cet appareil, qui constituait le luminaire habituel du chœur, est nommé, dans les comptes de 1410, le *touillet*.

Comme il était proche de la statue de saint Sébastien, on l'appelait souvent le *touillet de saint Sébastien*. A partir de 1607, il fut remplacé par un gros cierge.

Les frais de *touillet* étaient couverts par le produit d'une quête spéciale.

En plus de la quête réservée à l'entretien du *touillet* il en existait plusieurs autres au sujet desquelles les anciennes chroniques nous donnent quelques détails :

Nous citerons :

La *quête du pain bénit* : elle incombait à la personne qui avait présenté le pain bénit le dimanche précédent. « Cette quête est bonne, dit Thomas Prouverre, selon le mérite et considération des quêteuses et personne ne peut s'en dispenser, pas plus que de la présentation du pain bénit, y ayant eu arrêt de la Cour. »

La *cueillette du pain des trépassés* : Voici brièvement en quoi consistait cette quête : les boulangers de la paroisse recevaient chaque jour de toutes les *pratiques* qui fréquentaient leur four une petite quantité de pâte dont ils faisaient des pains. Ces pains, recueillis chaque dimanche par le bedeau, étaient vendus à la criée par le trésorier à l'issue de la grand'messe et au profit de la fabrique.

Les comptes de 1464 nous font connaître un curieux détail : à cette époque on maçonna deux fenêtres au bas de la nef et l'on mit dans ces fenêtres « deux pots de terre pour donner meilleur son aux orgues ». Il est permis, écrit l'abbé Antoine, dans son étude sur l'église Saint-Germain, de douter de l'efficacité d'une telle mesure !

Un seigneur anglais fit élever, à se frais, l'un des piliers du grand portail.

L'église était fort avancée vers la fin du xve siècle.

On remarque, dans la chapelle Saint-Mansuet, des peintures sur verre qui datent de 1499 et qui sont fort bien conservées.

Une des chapelles de cette église était sous l'invocation de *saint Jérôme* (1). Elle servait de bibliothèque aux ecclésiastiques, on y conservait les ouvrages des Pères de l'Eglise et l'Ecriture sainte manuscrite. Il y avait des pupitres et des sièges à l'usage des lecteurs. Ces dépôts publics étaient précieux autrefois, les livres étant tous écrits à la main et, par conséquent, très rares.

La fréquentation de cette bibliothèque n'a cessé qu'après la découverte de l'imprimerie, en 1468. La chapelle *Saint-Jérôme* fut remplacée par la chapelle *Sainte-Anne* que les médecins, chirurgiens et apothicaires firent décorer à leurs frais.

On lit au pilier le plus près de la chaire, du côté du chœur, l'inscription suivante :

----

(1) Elle est aujourd'hui dédiée à saint Servais. Elle se trouve au bas de la nef, du côté de l'épître.   (Abbé Laurent.)

> *Mil quatre cent quatre-vingt-hui*
> *Par Jean Lemoine, bon maçon*
> *Ce pilier ici construit*
> *Dieu pardonne la mal façon,*
> *Et le fit faire Gui Pilart,*
> *Des biens que Dieu lui a donné*
> *Auxquels sa femme avait part.*
> . . . .
> *Dieu lui fasse rémission.*

En 1450, Charles VII, roi de France, ayant chassé les Anglais de son royaume, entra victorieux dans Argentan, fit présent à la fabrique de vingt écus d'or et d'une statue de la Vierge, qui fut placée au portail.

(*Histoire d'Argentan*, de J.-A. Germain, page 260.)

On remarque la figure d'un âne avec son bât attenante au pilier et en saillie d'un demi-relief. Le peuple dit que c'est celle de l'animal qui a charroyé les matériaux, mais leur volume prouve qu'un autre motif l'a fait placer en ce lieu. Au pilier parallèle, de l'autre côté, on y voit aussi les restes d'une figure d'animal qui probablement était celle d'un bœuf. Ils rappelaient le souvenir de l'étable de Bethléem.

(*Manuscrit de Colleville*, page 31).

En 450, Germain s'étant rendu à la Cour de Ravenne monté sur un âne, cet âne vint à mourir. Et comme l'impératrice Placidie se proposait de le remplacer par un superbe cheval : « Non, répondit l'évêque, l'animal qui m'a amené me ramènera », et mis en présence de son cadavre : « Lève-toi », lui dit-il, et la bête se leva et reçut le saint sur son dos.

Ne serait-ce pas le souvenir de la résurrection de l'âne que nos pères auraient voulu conserver ?

(*Saint-Germain d'Argentan*, par l'abbé Antoine, page 21.)

Nous devons ajouter qu'au siècle dernier une figure
de mouton, *suspendue également au pilier de l'autre
côté de la nef, faisait pendant à celle de l'âne.*

(Histoire de Saint-Germain, par
l'abbé Laurent, page 116.)

Les comptes de la fabrique nous rappellent divers
usages : distribution d'un peu de vin aux habitants
après la communion, paille répandue dans l'église
la nuit de Noël. Ces deux coutumes étaient d'une
haute antiquité.

Vers l'an 1450, on payait des gages pour toucher
l'orgue, car l'église Saint-Germain posséda un orgue
dès 1410.

Comme nous l'avons vu, page 27, le plus ancien
document authentique qui fasse mention des églises
d'Argentan date de l'année 1024. Depuis cette époque,
jusqu'à la Révolution, il n'y eut qu'un seul curé à
Argentan. Les documents des xive et xve siècles
mentionnent deux paroisses distinctes mais une seule
grange dimeresse, située à l'extrémité de la rue de
la Poterie.

La *tour au Beurre* dominait les fossés du cours,
près de la demeure actuelle du gardien du jardin
public.

Entre la *porte des Bouteilles* (extrémité de la rue
des Bouteilles) et la *tour au Beurre* se trouvait la
tour des Etampes.

Derrière la *tour au Beurre* s'élevaient les écuries
et les bâtiments des officiers supérieurs.

Depuis la fin du xiie siècle jusqu'au milieu du xvi^e
les halles et le marché se tinrent dans l'enceinte des

nouvelles fortifications, au bas de la rue du Vicomte, dans le voisinage de la *tour Marguerite* (1).

Jusqu'en 1571 la *Cohue d'Argentan* se tint également rue du Vicomte, dans un immeuble situé en bas, sur la gauche, non loin des murs de la ville.

La rue du Vicomte s'appelait *rue des Halles*.

Au haut de la *rue des Halles* passait, en 1406, la rue *tendant de la porte d'or à la porte de la Chaussée*.

La place Henri-IV était appelée *le Grand Carrefour*. Beaucoup de ses maisons furent bâties pendant l'occupation anglaise et surtout de 1435 à 1440.

Du point le plus élevé de cette place on voyait les *portes d'Or, de Saint-Martin, de la Chaussée* et *de l'Horloge*.

En 1450, la rue de l'Horloge et la rue du Griffon s'appelaient la *rue du Chastel*. On remarque encore dans ces rues plusieurs maisons fort anciennes.

La rue Lautour-Labroise occupe, en partie, l'emplacement des anciens fossés du château.

La venelle Cabot, ancienne *rue de Creully*, existait dès l'année 1453. Elle s'appelait aussi la *rue Quatre-Œufs*.

La rue Traversière portait le nom de *rue d'Avesgo* ou *Baillive*.

La rue du Point-du-Jour s'appelait la *rue des Fossés*.

Saint-Thomas

De la *porte Saint-Thomas* partaient, vers 1405, une rue tendant à la *porte d'Or* et des chemins allant à Trun, à Crennes, à Exmes et au pont de Fligny.

(1) Précédemment, les halles eurent lieu dans la rue actuelle des Vieilles-Halles et le marché dans la rue Saint-Germain.

Près de cette porte se trouvaient la *Cohue pour le Perche* et la *Cohue pour la terre d'Hiesmes*.

La justice se rendait dans ces auditoires pour les plaideurs du Perche et de la région d'Exmes.

La cohue du Perche était située devant la porte de la ville, près de la *Venelle au Pescheur* où *Venelle par où l'on va à Hiesmes*. La cohue pour la terre d'Exmes était peu éloignée de celle du Perche.

Trois croix de pierre s'élevaient alors sur un petit tertre entouré de quelques ormeaux et situé au bord du chemin de Trun. C'était *un lieu où l'on preschait*. La croix du milieu était plus belle et un peu plus élevée que les deux autres. Elles étaient en alignement et faisaient face à la ville. Comme nous le verrons plus loin la colonne actuelle fut érigée pour perpétuer le souvenir de ces trois croix.

La chapelle actuelle de l'hospice contient un des bas cotés de l'ancienne église Saint-Thomas.

On a remarqué dans les titres de l'Hôtel-Dieu que la rue des Trois-Croix ne fut bordée de maisons, que vers 1492.

Le Marchié

Au xve siècle, la rue qui allait de Saint-Thomas à la *porte d'Or* avait conservé le nom très ancien de *Marchié*. On l'appelait aussi *rue Saint-Thomas*. Cette voie a été remplacée par une partie des rues de Paris et de Saint-Germain.

De la *rue Saint-Thomas* partaient : la *rue aux Telliers ou Toilliers* (rue de la Planchette), la *rue où soullaient estre les Halles anciennes* (rue des Vieilles Halles), la *Grande-Rue Monseigneur d'Alençon* (Paul-Boschet), la *ruelle des Jacobins.*, etc.

De la *porte aux Telliers* partait une rue qui allait aux *Forges Hablot*. De nombreux tisserands habitaient la *rue aux Telliers*.

LA POTERIE

Cette rue tira son nom de fours à poterie remontant à l'occupation romaine. En 1402, on en voyait encore dans ce quartier.

La *grange dixmeresse* de la cure d'Argentan « aboutait au chemin tendant de la Poterie à Sévigny » (1). De là partait le chemin des *Carrières Bracquet*. En 1468, *le Pilori* était situé dans ces carrières « au lieu de la justice d'Argenthen », sur un terrain compris entre la route de Trun et le chemin d'Urou à Sévigny.

La *Venelle des Champs* mettait la Poterie en communication avec les champs de Saint-Thomas, le long des jardins de *la Cerisaie*, ainsi appelés dès 1363 à cause des nombreux cerisiers qui s'y trouvaient. Elle part aujourd'hui du n° 22 de la rue de la Poterie et se termine devant le n° 53 de la rue de la République.

La *ruelle des Fossés*, qui contourne les bâtiments de l'Institution Jeanne-d'Arc, existait dès le xve siècle. Elle conduisait de la Poterie aux fossés de la ville et les longeait jusqu'à la *tour au Febvre*, appelée plus tard *tour Marguerite*. Elle se continuait jusqu'à la rue Saint-Martin.

SAINT-MARTIN

La rue Saint-Martin partait de la *porte Saint-Martin* et finissait à la *porte Millet*.

Au delà de la *porte Millet* était la *rue du Désert*,

(1) Des vestiges de cette construction existent encore.

laquelle se prolongeait par les chemins de Cuigny, de Sainte-Anne et de Falaise.

L'église Saint-Martin date du XVᵉ siècle. Commencée peu de temps après Saint-Germain, elle fut achevée beaucoup plus tôt.

La *chapelle Notre-Dame-de-la-Place* se trouvait dans le faubourg Saint-Martin. Cette ancienne chapelle, construite au XIᵉ siècle, tomba en ruine vers 1430 ; les Anglais en démolirent eux-mêmes une grande partie pour faciliter la construction des forts qu'ils élevèrent en avant de la porte Saint-Martin.

En 1461, les paroissiens de Saint-Germain résolurent de relever ce monument qui sert aujourd'hui de cave et d'écurie à l'hôtel du Petit-Point-de-France. On y voit encore des sculptures qui méritent l'attention de l'archéologue.

Cette chapelle était en grande vénération « à cause des miracles qui s'y étaient opérés ». C'était le lieu de sépulture des principaux habitants d'Argentan. On y célébrait les mariages, on y purifiait les femmes.

Au XVᵉ siècle régnait à *Notre-Dame-de-la-Place* une bizarre coutume : chaque nouvelle mariée était tenue d'aller faire ses dévotions dans la chapelle et d'y laisser comme offrande une chandelle et une de ses chaussures. La nouvelle mariée qui ne voulait pas abandonner sa chaussure était obligée de verser, au trésor de Saint-Martin, la somme de six deniers.

D'après les divers manuscrits que nous avons consultés, il s'agissait bien d'une chaussure ; cependant nous lisons ce passage dans l'*Histoire d'Argentan*, de J.-A. Germain :

... il a retenu la plus belle chandelle donnée en l'église Notre-Dame-de-la-Place le jour Chandeleur, plus un chausson (gâteau) de chaque nouvelle mariée, laquelle offrande les nouvelles mariées pouvaient racheter pour six deniers et une chandelle.   (Page 274.)

LA CHAUSSÉE ET SAINT-JACQUES

La rue de la Chaussée partait de la porte de ce nom et finissait sur le petit pont de l'Orne à une porte appelée *porte Saint-Jean*.

La tour de la *porte Saint-Jean* commandait l'entrée de la *Vieille Orne*, vers Saint-Jacques. Elle était carrée et solidement garnie de mâchicoulis. Une herse et un pont-levis la renforçaient.

Comme on le constate dans les registres de l'hospice, il y avait deux ponts sur la rivière d'Orne dès le xive siècle. Mais le plus ancien est le *pont Saint-Jean* sur la « *Vieulle Orne* ».

La rue de la Chaussée était pavée dès le moyen âge, d'où sa désignation ancienne de *Chaussée ;* elle paraît même avoir été une voie romaine. Son prolongement, rue Saint-Jacques, et les commencements des routes de Sées et d'Ecouché étaient également pavés.

Un frère Roger, qui mourut en l'an 1200 et qui appartenait à l'ordre des Templiers, se retira à Argentan et y fit bâtir deux chapelles : la *chapelle Saint-Jacques-le-majeur* et la *chapelle Saint-Jehan-sur-le-Pont-ès-jettés.*

Il y avait dans la *chapelle Saint-Jacques* deux sanctuaires célèbres visités chaque année par de nombreux pèlerins se rendant à Saint-Jacques-de-Compostelle ou au Mont-Saint-Michel, c'étaient les *autels Saint-Michel* et *Saint-Jacques*.

Auprès de la chapelle Saint-Jacques était un hôpital destiné aux pèlerins qui passaient par la ville. Cet hôpital tomba en ruine, en 1458. Il était construit entre le chemin de Sées et la route d'Ecouché.

La *chapelle Saint-Jehan* et son hopital, car cette chapelle dépendait aussi d'un hopital, étaient situés sur la vieille Orne, près de la *porte Saint-Jean*, en travers des deux premières arches qui formaient l'ancien pont.

D'après M. Eug. Vimont, les immeubles n°s 28 et 30, assis sur deux arches du même pont, paraissent être les restes de ces édifices.

La *chapelle Saint-Jehan* dite *du Pont-ès-jettès*, fut ainsi nommée parce que les enfants abandonnés de leurs parents étaient mis par ceux-ci soit à la porte soit à l'intérieur de ce sanctuaire. L'hospice les recueillait et les élevait à ses frais.

L'Ile Gloriel, formée par les deux bras de la rivière, quitta son ancien nom et prit celui de Saint-Jean.

Dès l'origine les hôpitaux de Saint-Jacques et de Saint-Jean n'étaient séparés l'un de l'autre que par un vaste jardin...

Les secours aidaient à l'entretien des enfants confiés aux soins d'une servante qui les allaitait de lait de vache par le moyen de cornes disposées pour cet usage, leur distribuant dans la suite d'autres aliments propres à leur âge.

(Manuscrit de Colleville, page 84.)

> *La chapelle Saint-Jean à cette époque était*
> *Sur le « pont-ès-jectés ». C'était là qu'on jetait*
> *Les enfants nouveau-nés, — bien près de la rivière,*
> *Hélas ! — . . . .*
> *. . . . .*
> *Des nourrissons d'alors, les lèvres empressées,*
> *N'avaient pour biberons que des cornes percées,*
> *Tout étant de l'époque et les enfants aussi,*
> *Il n'en mourait pas plus qu'aujourd'hui, Dieu merci,*
> *Je crois qu'il en vivait même un peu davantage.*
>
> **(Gustave Le Vavasseur, « Jehan du Coing ».)**

A l'extrémité du faubourg de la Chaussée, au Croissant, près d'une croix appelée *Croix des pèlerins*,
existait, en 1486, une petite chapelle sous le vocable
de *Sainte-Croix.* Au moyen âge, les pèlerins, qui allaient
par compagnies entières, entendaient la messe dans
la chapelle Saint-Jacques lors de leur passage à
Argentan. Ensuite, les prêtres qui avaient célébré
la messe conduisaient en corps, croix et bannière
en tête, les pèlerins jusqu'à la *Croix du Croissant*
qui bientôt ne fut plus connue que sous le nom de
Croix des pèlerins.

Dans les XIe *et* XIIe *siècles, les pèlerinages à Saint-
Jacques-de-Compostelle étaient très fréquents.*

*Ceux d'Argentan qui entreprenaient ce pieux voyage
étaient conduits en cérémonie hors la ville jusqu'à
cette croix. Ils s'y arrêtaient pour se recommander à
Dieu et prendre congé de leurs parents et amis, Ce qui
a donné le surnom de « Croix pleureuse » à cette croix.*

(Manuscrit Hérembert du Paty, page 184.)

La *chapelle Sainte-Croix* était un édifice « peu
étendu mais d'une construction agréable et solide».
Sa cloche a été transportée à l'église de Coulandon.

Dans la Chaussée existait, dès l'année 1468, l'une des tavernes les plus connues des étrangers : *Les Trois-Marie* ; elle occupait l'emplacement du nᵒ 51. Une autre taverne, celle des *Trois-Roys*, se trouvait entre les deux ponts, sur le terrain où l'on voit aujourd'hui l'immeuble nᵒ 5, habité par M. Guillochim, maire d'Argentan ; cette dernière taverne existait dès l'année 1458.

Vers Belle-Etoile, en 1492, à la *Fosse - Viel*, était une grande fosse appelée *Fosse de la justice*, ainsi nommée parce qu'on exécuta les criminels en cet endroit.

Les bâtiments de l'usine à gaz sont construits sur l'emplacement de la *Fosse de la justice*.

La Baille ou La Beille ou Le Beigle

La rue qui longeait en partie les fossés de la seconde enceinte, derrière le château, était désignée par le mot *Baille* ou *Beille* dont on a fait plus tard *Beigle*.

On appelait autrefois « belle » la première ligne de défense d'une ville ou d'un château. Celle de nos rues qui conduisait au « belle » en emprunta le nom, puis, elle devint, par altération, la rue de Beille, ainsi qu'on le rouve dans les anciens titres, notamment dans une charte de fondation de Marguerite de Lorraine, et, enfin, la rue du Beigle. Longtemps on a cherché l'étymologie de ce dernier nom, qui a donné lieu aux interprétations les plus fantaisistes.

(Histoire du donjon d'Argentan, par
M. V. Guillochim.)

Baille : ouvrage qui dans les anciennes fortifications servait d'avant-poste, de défense extérieure.

(Grand dictionnaire de Larousse.)

La *rue du Beigle* allait jusqu'à la rivière, peut-être même vers le Bain-Sacré et l'église de Coulandon.

La *rue de Dorion* prenait naissance dans la *rue du Beigle.*

Des venelles et des ruelles partaient du Beigle et se dirigeaient vers le moulin de Dorion. Ce quartier était rempli de tanneries depuis fort long-temps.

Les seigneurs d'Argentan possédaient les deux moulins de Dorion et de la Noë.

LA NOE

Le chemin du moulin domanial de la Noë était bordé de pâturages, de jardins et de fossés On appelait *Noë* une prairie inondée à certaines époques. Un che-min appelé la *venelle d'enfer* reliait l'extrémité de la rue de la Noë au *Pastis* (pâturages). Le *chemin d'entre les deux Patis* est devenu la rue du Patis.

La *rue Montreuil* est une des plus anciennes de la ville. C'était au bas de cette rue que se trouvait, au xe siécle, la *porte d'entre les deux Pastis.* Au xie siècle cette rue aboutissait aux fossés de la « vieille clos-ture ».

La *porte des Bouteilles* fut d'abord appelée la *porte vers le Pastis.*

* * *

Les renseignements suivants complèteront l'aperçu qui précède.

BAILLIS

La justice fut rendue longtemps à Argentan par les baillis.

A l'origine, les baillis auraient été des officiers militaires, chefs de la noblesse. Comme ils ne pouvaient suffire à l'exercice de la guerre et de la justice, des lieutenants leur furent adjoints pour juger en leur nom.

De 1323 à 1372, il y eut un *Baillif d'Argenthen*.

En 1372, Argentan, ayant été acquis par Pierre II, se trouva rattaché au bailliage d'Alençon.

La justice fut alors rendue à Argentan par le *lieutenant du bailly d'Alençon*. En outre, un *lieutenant général du bailly d'Alençon* y venait deux fois par an tenir ses assises.

Pour les habitants d'Argentan, la justice se rendait dans la *cohue*; comme nous l'avons dit, elle était située au xve siècle presque au bas de la rue du Vicomte.

C'était dans cette cohue qu'avaient lieu les assemblées des officiers et des bourgeois.

A cette époque la justice se rendait gratuitement. Les juges n'exigeaient des parties, pour leurs peines, que du sucre, des dragées, des confitures ; ces sortes de rémunérations étaient appelées « épices ». La rétribution des magistrats a conservé longtemps ce nom.

VICOMTES

Les vicomtes étaient des magistrats amovibles chargés, dès le xe siècle, de rendre la justice, soit par eux-mêmes, soit par l'intermédiaire d'officiers nommés *lieutenants généraux du Vicomte*. A l'origine, ces juges se transportaient dans les bourgs et villages où ils terminaient les différends sans formalités et sans gens de loi. Comme les baillis, ils étaient gens d'épée, et, jusqu'en 1531, ils eurent le droit de choisir leurs lieutenants.

Ne voulant pas être confondus avec les roturiers, les nobles obtinrent d'être jugés par les baillis qui étaient leurs chefs.

La juridiction des vicomtes cessa alors de s'étendre sur la noblesse et le clergé. Elle fut restreinte à la connaissance des causes en clameur de haro, partages d'héritages, tutelles et autres matières litigieuses entre les manants.

De 1217 à 1373 Argentan dépendit de la vicomté de Falaise.

Au xive siècle, il y avait un vicomte d'Argentan qui rendait la justice dans la *Vieille cohue* ou *Audience* qui était située place de l'Hôtel-de-Ville.

Quand les chatellenies d'Argentan et d'Exmes eurent été réunies à la vicomté d'Alençon en 1373, Pierre de Valois fit élever deux nouvelles cohues à Argentan. L'une pour le pays d'Exmes, l'autre pour le pays du Perche; ces dernières, nous l'avons vu, étaient voisines et sises près de l'angle des rues actuelles du Collège et de Paris, en face l'entrée de l'Hôpital.

Une curieuse coutume existait au xvᵉ siècle : Le « maistre de l'hospice » payait un « pot de vin » chez le tavernier à M. le Vicomte ou à son lieutenant, après la tenue de certaines audiences où il s'agissait des affaires de cet établissement.

De plus, ces deux juges recevaient, le 1ᵉʳ janvier, de la part de l'hospice, un bonnet d'écarlate évalué à 16 sols ou une paire de chausses de même valeur.

JURIDICTION DES EAUX ET FORÊTS

Argentan était entouré de magnifiques forêts, dont la plus importante était la forêt de Gouffern, dans laquelle l'Hôtel-Dieu avait le droit de prendre, aux xivᵉ et xvᵉ siècles, quatre cents voiturées de bois chaque année.

Le siège de la juridiction des eaux et forêts était à Alençon. Le « Maistre » avait des « verdiers » et des « lieutenants de verdiers » dans chaque région un peu importante.

Les assises des officiers des forêts s'appelaient *Grands jours*. Le 13 juin 1405, les *Grands jours* se tinrent à Exmes et le 6 septembre de la même année au Bourg-Saint-Léonard.

Au mois d'octobre 1454, les *Grands jours* eurent lieu à Argentan.

Le « maistre de l'hospice » donnait des « étrennes » au verdier ou à son lieutenant, tantôt un bonnet d'écarlate, tantôt une barrette ou une cornette de taffetas.

A cette époque, la forêt de Gouffern touchait encore aux portes de la ville. Ce qui explique cette remarque :

Année 1454 : Les loups mangent deux brebis à l'Hôtel-Dieu d'Argentan.

(Archives de l'Hôtel-Dieu d'Argentan.)

ECOLES

En 1405, l'administrateur de l'hospice payait mensuellement pour « l'escollage » des enfants trouvés la somme de 22 sous et demi au « Maistre de l'écolle d'Argenthen ». Cette somme nous paraît minime aujourd'hui, mais un moissonneur gagnait alors un sou ou un sou et demi par jour.

La grande fête des écoliers des deux sexes était la Sainte-Catherine.

Vers 1450, le salaire des « maistres d'écolle » n'avait pas changé. C'étaient des « clercs » qui enseignaient sous la direction d'un « maistre ».

En 1460, le curé d'Argentan instruisait aussi les enfants de la ville.

A cette époque, un prêtre construisit un orgue dans l'église Saint-Thomas et s'engagea à apprendre à un jeune homme la manière de tenir cet instrument.

De 1470 à 1480, la rétribution mensuelle des instructeurs descendit à 15 sols puis à 12 sols (1).

On apprenait aux jeunes gens la lecture, l'écriture, quelques éléments de calcul et un peu de latin.

M. Eugène Vimont, à qui nous devons beaucoup des renseignements qui précèdent, a retrouvé, dans les archives de l'hôpital, quelques phrases écrites au XVe siècle par un « maistre d'escripture » et recopiées fidèlement par les élèves. Voici l'une de ces phrases :

---

(1) Année 1468 : Une géline et dix œufs coûtent 5 sols.

(Archives de l'Hôtel-Dieu.)

Art d'escripture fut trouvé dès le commencement du monde, c'est une mémoire seconde qui oncques ne fut reprouvée.

DOMINICAINS DITS JACOBINS

L'ordre de Saint-Dominique fut fondé en France vers 1216 ; les membres de cet ordre, appelés frères prêcheurs, sont plus communément connus sous le nom de « Jacobins ».

En 1290, les Jacobins s'établirent à Argentan.

En 1309, Jean de Montmorency leur donna une pièce de terre plantée de vignes qui occupait l'emplacement du champ de foire actuel et une partie de la place de l'Hôtel-de-Ville.

L'église des Jacobins, située place de l'Hôtel-de-Ville, était très belle et très vaste. Un cimetière, destiné aux religieux, l'entourait. Elle fut édifiée, en partie, sur les ruines des fossés de l'ancienne ville.

Le passage suivant est extrait du manuscrit de Colleville :

En faisant, au commencement du dix-neuvième siècle, des fouilles dans l'endroit primitivement occupé par ces frères, on découvrit beaucoup de corps humains rangés par ordre. Ceux des enfants dans un lieu, ceux des grandes personnes dans un autre, et un petit pot dans lequel était du charbon auprès de chaque sépulture. L'ordre qu'on y observa fit connaître que cet emplacement avait servi dans l'ancien temps aux inhumations publiques ; les vases remplis de charbon que l'on trouva auprès de chaque corps en font remonter l'usage au temps du paganisme.

(Page 28.)

CONFRÉRIES

Dès le XIVe siècle Argentan compta un grand nombre de confréries ou corporations.

Parfois la confrérie prenait ses membres dans tous les rangs de la société et s'adjoignait des femmes.

Chaque confrérie ou corporation avait son président qui portait tantôt le nom de *roi*, tantôt celui d'*échevin*, de *syndic* ou de *procureur*. Elle avait son saint, son patron, sa chapelle, quelquefois son chapelain et des messes spéciales fondées avec les deniers communs.

Voici la liste des confréries qui existaient à Argentan au XVe siècle, avec, pour chacune, l'indication de l'époque à laquelle son existence a été constatée pour la première fois dans nos plus anciennes archives:

1324 : Flarie des marchands.

1370 : Conflarie de Sainte-Croix, comprenant des frères et des sœurs.

1380 : Conflarie de Saint-Jacques, pour les pèlerins.

1432 : Conflarie de Saint-Salvein, dont le maistre et les frères portent les morts en terre.

1468 : Flarie des prestres qui jouent les mystères de la passion sur les places publiques.

1475 : Confrairie de la Charité de Saint-Germain.

1487 : Frairie de Saint-Yves pour les gens de justice.

1488 : Confrérie des tailleurs.

FOIRES

Outre la foire au Chambellan, il y avait encore, dès le moyen âge, les foires de Quasimodo, de Saint-Vincent, de Saint-Pierre-ès-liens, des Morts et de Saint-Benoît.

Jusqu'à la Révolution, ce fut l'hopital Saint-Thomas qui bénéficia de la coustume *des foires de Quasimodo et de Saint-Pierre-ès-liens.*

Le 3 avril 1374, le comte Pierre d'Alençon approuva les taxes suivantes :

3 s par cheval.

2 s par bœuf ou vache.

1 s par porc.

6 d par brebis ou mouton.

(D'après les Archives de l'Hôtel-Dieu d'Argentan.)

ADMINISTRATION MUNICIPALE

Toutes les questions intéressant la communauté étaient discutées en assemblée générale à la cohue ou audience.

Chaque année, les officiers du bailliage et les bourgeois élisaient un « Procureur » chargé de la défense de leurs intérêts.

Il y eut aussi « trois gouverneurs élus » qui s'occupèrent de l'administration de la ville.

Nous terminerons ce chapitre en reproduisant une partie du discours prononcé par M. Le Mouel, président de « La Pomme », lors des Assises de cette société littéraire à Argentan, en 1910.

Cet extrait reposera le lecteur des énumérations un peu arides qui précèdent et lui permettra de se faire une idée plus complète de l'Argentan du XVe siècle.

... mon désir se borne à vous présenter un de vos ancêtres, un bourgeois du XVe siècle, et de vous narrer comment, dans ce temps-là, il employait sa journée.

Nous l'appellerons, si vous le voulez bien, Maître Gilles Larsonneur. C'est un nom qui revient souvent dans vos annales. Il y en avait certainement qui le portaient déjà. Il y en a peut-être encore ; rien, par conséquent, ne nous empêche de l'appeler Gilles Larsonneur.

Au physique, nous le supposerons corpulent, blond, grand et le facies un tantinet sanguin, comme un vrai Normand. Et, bien entendu, il a l'air jovial, ses yeux sont pétillants de malice, sa lèvre est gourmande et son nez développé, un nez avec des narines puissantes, aptes à renifler la bonne odeur des cuisines.

Si vous le voulez bien encore, nous choisirons un jour d'été. C'est la meilleure saison pour flâner par les rues et nous le suivrons dans ses flâneries.

Donc, il est cinq heures du matin et Maître Gilles Larsonneur, dont le logis est situé dans la rue du Vicomte, ouvre sa fenêtre Il n'a que sa chemise sur le dos, mais, comme nul passant n'apparaît, il peut, accoudé sur le barreau, jouir de l'aurore sans blesser la pudeur publique et contempler les reflets du soleil levant en haut de la grosse tour de l'église Saint-Germain qui est toute neuve encore. Elle est même inachevée et voici les sabotements des maçons qui arrivent au travail.

Notre homme se retire. Il se débarbouille, peigne ses longs cheveux, puis il enfile ses chausses, revêt son surcot de drap violet, boucle sa ceinture où l'aumônière est attachée, se coiffe d'un chaperon d'où pend une bande d'étoffe rouge dentelée, qui fait deux fois le tour de ses *épaules, et s'en va réveiller Dame Catherine, son épouse, qui dort encore dans la chambre à côté.*

— « Holà ! Dame Catherine, lui crie-t-il... Dame Catherine, voici belle lurette que le coq a chanté et vous êtes couchée... Par la Mort-Dieu, levez-vous, je vous prie, pour préparer le déjeuner ! Je meurs de faim, je n'ai pas mangé depuis hier au soir ! »

L'épouse docile obéit, descend dans la salle basse, allume les fagots et fait chauffer une casserolée de lait, dont son seigneur et maître, dans un instant, se lèchera les babines, en y trempant des rôties de pain grillé , après l'avoir amplement sucrée de cassonnade.

Ah ! Mesdames, combien les temps sont changés ! Le bourgeois d'aujourd'hui qui, dès l'aube, s'en irait troubler les songes de son épouse et la sommerait aussi cavalièrement de se lever, passerait pour un butor ! Et ce serait à bon droit. Mais n'oublions pas que nous sommes au XVᵉ siècle et que depuis, de séductions en séductions, de sourires en sourires, vous nous avez apprivoisés ! Soyez sûres que nous acceptons notre servage avec résignation, que dis-je, avec joie ! Et dans cette salle, il n'est pas un représentant du sexe fort qui approuverait la conduite de Maître Gilles Larsonneur ! Pardonnez-lui, du moins, en raison du temps où il vivait.

Après déjeuner, il sort. La ville s'éveille...

Les boutiquiers, sous les porches du Grand-Carrefour et de la rue du Griffon, enlèvent leurs volets en échangeant des bonjours sonores, et, plus bas, se communiquent dans le creux de l'oreille des nouvelles d'un intérêt palpitant : cette nuit, les malandrins et les ribaudes ont mené le sabbat sous les porches et les honnêtes gens n'ont pu fermer l'œil. « Comment voulez-

vous qu'il en soit autrement ? Il n'y a pas de lanternes et les quarteniers, qui sont chargés de la police, ne bougent plus de chez eux après le couvre-feu. » Maître Gilles se mêle à la conversation, et comme c'est une forte tête, il grogne, il s'indigne... Il déclare qu'il faut se plaindre et il jure qu'il se plaindra à Messire Jehan de Saint-Denis qui est le lieutenant du bailli d'Alençon. Mais il n'en fera rien, et, cinq minutes après, le voilà musant, dodelinant du chef, baritonnant du ventre, le voilà qui continue sa tournée par la ville.

On le voit partout. Justement, l'animation est grande dans la rue de la Chaussée ; une foule de pauvres gens, déguenillés, pâles, exténués, s'appuyant sur des bâtons et les pieds nus, cheminent en psalmodiant des cantiques. Ils sont conduits par des religieux et tous, laïques et clercs, portent une croix blanche sur la poitrine. Ce sont des pèlerins qui ont voyagé toute la nuit. Ils viennent des pays lointains, d'au delà de Paris, des Flandres ou d'Allemagne peut-être et ils s'en vont au Mont-Saint-Michel ou jusqu'à Saint-Jacques-de-Compostelle, en Espagne.

Car, en l'an 1200, les Templiers ont bâti à Argentan l'église Saint-Jacques où c'est la coutume que les pèlerins s'arrêtent en route pour gagner des indulgences.

Or, au premier rang des curieux, se tient notre ami Larsonneur. Sa physionomie, enluminée et narquoise, contraste étrangement avec les visages hâves des voyageurs, dont les yeux sont extasiés par la foi. Oh ! parbleu, Maître Gilles ne les blâme point ! C'est un homme tolérant et chacun son goût ! Mais, dans son pardedans, il estime qu'on peut faire son salut autrement et il espère gagner le ciel en se tenant au chaud l'hiver, au frais l'été, en buvant à sa soif, en mangeant à sa faim, sans se traîner sur des routes interminables dont les aspérités vous déchirent les orteils. Il laisse les pèlerins à leurs dévotions et s'éloigne, baguenaudant, sans but, à sa fantaisie.

Décidément, aujourd'hui, sa destinée le réserve à des spectacles pieux. Sans trop savoir pourquoi ni comment, s'en étant allé les yeux mi-clos, les bras ballants, au hasard, il se trouve aux Trois-Croix, où, monté sur un petit tertre de verdure, un Jacobin, en robe noire, le front barré et les gestes larges, est en train de prêcher.

Autour de lui se pressent quelques douzaines de femmes. Il y en a d'accortes, il y en a de jolies...

Eh ! Eh ! Maître Gilles, dont un rayon de poésie traverse la cervelle, murmure entre ses dents que les grandes coiffes blanches, frémissant sur leurs visages, ressemblent à des papillons sur des roses... C'est une comparaison qui a beaucoup servi depuis lors, mais à cette époque, elle était moins défraîchie. Bref, il n'écoute pas le Jacobin, il regarde les femmes !

Mais les femmes ne le regardent point, parce qu'il grisonne, parce qu'il bedonne, parce qu'elles sont les mêmes dans tous les siècles et que c'est folie, quand on n'a pas tournure de damoiseau, d'espérer qu'elles vous regarderont...

Et puis, Maître Larsonneur, ce n'est pas bien quand on a une épouse aussi dévouée que votre Catherine, qui, dès le patron minet, s'arrache au bien-être des draps pour mettre votre lait sur le feu, ce n'est pas bien du tout de faire le joli cœur et d'avoir des velléités de courir le guilledou... Et puis, et puis, n'est-ce pas une inspiration du diable que de vouloir troubler des créatures recueillies qui écoutent la parole de Dieu sur les lèvres d'un Jacobin ? Allez-vous en, croyez-moi !

*Il est probable qu'une voix mystérieuse lui a parlé
de la sorte, car il s'en va. On le rencontre rue des Telliers, où il s'assied sur la croisée d'un artisan en train
de tisser sa toile, pour rien, pour le plaisir d'échanger
quelques menus propos. On l'aperçoit aux nouvelles
halles, où il plonge sa main dans des sacs d'avoine ou
d'orge, l'en retire gravement et la paume ouverte,
examine les grains en connaisseur, alors qu'à vrai dire
il n'y connaît rien du tout.*

*Et, quelques minutes plus tard, c'est lui qui passe rue
de la Poterie, le long du jardin de l'hospice, dont les
cerisiers chargés de fruits débordent par-dessus la haie.
Ah ! c'est bien tentant, et personne aux alentours !!!
Vite il allonge le bras, abaisse une branche et happe
un bouquet de cerises.*

*Cet innocent larcin d'écolier en maraude le comble
de joie. Il croque les cerises avec la mine fûtée d'un
élève de Messire Hauton, le curé qui enseigne l'écriture
et la lecture aux enfants de la ville. Cela lui donne des
jambes de gamin. Il sort de l'enceinte fortifiée par la
porte Saint-Martin et les francs-archers, qui sont de
garde au pont-levis, le saluent gaiement au passage,
car sa bonne tête épanouie est plaisante à contempler.*

*Tandis qu'il chemine le long du sentier qui borde les
douves, il ne peut se défendre d'un sentiment de fierté.
C'est que sous ses yeux se dressent les murs solides de
sa ville, la tour du Radpont, la tour au Beurre, la tour
des Etampes qui flanquent superbement les remparts,
et au-dessus d'eux, les silhouettes massives ou gracieuses
du donjon, à huit faces, haut de soixante pieds, et du
palais ducal, dont une galerie, s'il vous plaît, est coif-
fée d'une toiture de plomb doré. Il est bien naturel qu'on
se rengorge un peu quand on est le citoyen d'une ville*

de si belle apparence, si bien fortifiée, et qu'il se mêle
à votre contentement une jouissance de sécurité.

Enfin, notre homme, ayant fait le tour des murs,
arrive à la porte d'or. C'est un endroit fort animé où
la distraction ne manque pas. Pour l'heure, toute une
famille de paysans parlemente avec le sergent d'armes
et demande l'entrée. Ce sont des bonnes gens d'Ecouché
qui accompagnent une jeune mère tenant un nourrisson
dans ses bras. Le nourrisson pousse des cris affreux
tandis que son père explique au sergent qu'ils se rendent à la chapelle de saint Fellier, dans l'enceinte du
château. C'est un bienheureux qui a de nombreux dévots
en Normandie, parce qu'il guérit les tranchées du ventre
dont souffrent les enfants en bas-âge. Maître Gilles
Larsonneur, qui est un esprit fort, échange un coup
d'œil moqueur avec le sergent d'armes qui est un mé-
créant, tandis que les bonnes gens d'Ecouché s'engouf-
frent sous la poterne.

D'ailleurs, non loin de là, éclatent des jurons, des
claquements de fouet et le vacarme attire notre bourgeois...
Une charrette est embourbée. Les chevaux refusent le
collier, tant elle est lourde, tant elle est chargée. Pensez
donc, elle porte la dîme d'un village, du froment, du
sarrasin, des pois blancs, des pommes, du bois de chauf-
fage qui tout à l'heure empliront les greniers de la grange
dixmeresse de la cure d'Argentan, à l'angle du chemin
des Carrières et de la ruelle de l'Herbier Saint-Martin.

S'il en avait le loisir, ce serait prétexte à réflexions
philosophiques pour Maître Larsonneur, qui est un
précurseur des revendications du Tiers-Etat, mais
onze heures sonnent à la porte de l'horloge du château
et comme un diable à ressorts, il sursaute et rentre en
ville à grandes enjambées. C'est le moment où l'on se

réunit entre bons compagnons, à la taverne des Troys-Maries. C'est l'heure de l'apéritif. Entendons-nous, ni absinthe, ni bitter, ni vermouth, ni aucune de ces boissons pernicieuses ! Non, mais du cidre ambré, du cidre mousseux en pichets de grès bien bouchés et qui vous creuse dans l'estomac comme une rigole d'appétit.

Quand il pénètre dans la taverne, il est accueilli par des acclamations retentissantes : « Salut et joie, Maître Gilles ! Ah ! Jarnidié, compère, on te croyait trépassé, car d'habitude tu n'es pas en retard quand il s'agit de humer le piot... Viens t'asseoir céans ; prends un cornet, nous te jouons aux quatre plus gros dés une pinte ae jus de pomme. »

Et les dés roulent sur les tables, et les langues s'ai guisent et ce sont des calembredaines et de joyeux devis.

Dans la grande salle de la taverne des Troys-Maries se réunissent à l'ordinaire, avant le repas d'une heure, des bourgeois de la ville, des fonctionnaires publics et quelques gentilshommes. Les uns bons drilles et francs lurons, les autres moins prolixes et quasiment solennels, mais tous d'un commerce agréable. On est sûr d'y trouver Maître Benoît Pinel, qui est le roi élu de la Frairie de Monsieur Saint-Yves, Maître Jehan Biart, procureur des bourgeois, manants et habitants, le sieur des Pastis, contrôleur du grenier à sel, Richard Mahot, verdier des Eaux et Forêts, Maître Gratien le Goux, collecteur des tailles, et bien d'autres encore. Il y a même là, dans un fauteuil, un long vieillard jaune, d'une sécheresse majestueuse, qui ne parle pas, mais qui boit beaucoup. Il jouit d'une grande considération, étant de noble lignée, et quand il daigne parler tous font silence. C'est Messire le Lieutenant du Point d'honneur. Ses fonctions consistent à régler les diffé-

rends entre gentilshommes ; à la taverne des Troys-Maries, il se borne à régler les différends entre les joueurs. Ce sont des arbitrages moins pompeux. Celui qui a tort paie un pichet à messire le Lieutenant du Point d'Honneur pour les frais du jugement.

Aujourd'hui, ce n'est pas lui qui tient le haut de la conversation ; c'est un petit homme sec, habillé sombrement, dont la prunelle malicieuse luit comme une pointe de diamant dans un visage austère, un visage de magistrat. Il l'est effectivement et se nomme Bernard de Courlandon, conseiller, troisième assesseur de Messire le Vicomte. Il donne des nouvelles du Palais comme on dit aujourd'hui.

Au xve siècle, le Palais se nomme « la Cohue », c'est-à-dire l'audience, à cause de la foule qui s'y presse ; ici il y en a trois et la procédure a beau jeu. La vieille Cohue pour le pays même d'Argentan, à l'angle de la rue Papegaux et de la Grand'rue (1). La Cohue pour le pays d'Exmes et la Cohue pour le pays du Perche, toutes les deux dans la rue des Trois-Croix. Votre ville était alors un véritable chef-lieu judiciaire et les amateurs de procès n'avaient que l'embarras du choix. C'est pour cela qu'on écoute attentivement le conseiller de Courlandon, car il est dans le secret des dieux et il sait où, aujourd'hui, le débat sera le plus intéressant.

Il explique que tantôt, à la Cohue du Perche, on jugera une femme qui a battu son mari, à cause... à

---

(1) Place de l'Hôtel de Ville. Voir page 30.
Une chambre à sel fut établie à Argentan dès 1508 dans cette antique cohue, qui datait du xiiie siècle.

cause d'une autre femme, parbleu ! Il y a des détails croustillants, des témoignages scandaleux !

« Corne du diable ! s'écrie Maître Gilles Larsonneur, une femme qui bat son mari, mais c'est le monde renversé !... Je ne vais pas manquer d'assister à sa condamnation. » Vous savez quelles sont ses idées sur la puissance maritale et dame Catherine le sait encore mieux que vous.

N'empêche, qu'épouse toujours dévouée, elle lui a préparé un repas succulent, qu'il trouve servi comme il faut sur un napperon qui fleure la lavande, quand sur le coup d'une heure il rentre au logis. Il y fait honneur et s'adjuge les filets d'un carpeau au blanc mangier qu'on a tiré de l'eau, ce matin même, au pont Saint-Jean. Puis une fricassée de chapon, deux tranches d'andouilles à la fressure d'agneau et trois dariolettes ou tartelettes à la crème. Par là-dessus, quelques rasades de vin blanc. Aussi doit-il lâcher un cran de sa ceinture, en se rendant à la Cohue où il se promet une après-dînée divertissante. Elle le serait bien davantage s'il n'y avait pas tant de populaire ! Mais baste ! En certains cas, il faut acheter son divertissement à la sueur de son front et je vous assure qu'on se fait des pintes de bon sang. Le mari battu est comique à force d'être piteux. Sa femme piaille, gesticule ; on dirait que c'est elle qui a reçu les coups ; quant à l'autre, celle pour laquelle le mari fut battu, elle voudrait bien être souris et se musser sous les bancs !...

Maître Larsonneur passe là des instants fort agréables, mais pourtant il ne peut tenir son indignation quand le pauvre homme si bien arrangé finit, comme c'est l'habitude, par faire des excuses à son irascible moitié et reconnaître ses torts... Si bien qu'elle est acquittée et qu'il est condamné à tous les dépens.

Il y aurait encore là, pour notre bourgeois, matière à argumentation sur l'injustice humaine, si tout à coup une rumeur ne se répandait par la foule... On vient de dresser le gibet sur la place du Grand-Carrefour et l'on va pendre un voleur de grand chemin qui rançonnait les voyageurs dans la forêt de Gouffern. Tout le monde s'y porte et Maître Gilles n'est pas le dernier. Cela n'arrive pas tous les jours de voir pendre un homme, et, à tout prendre, dans un temps où il subsiste au fond de chacun un peu de la barbarie primitive, une exécution est un passe-temps qui ne manque pas de saveur.

Aussi ce sont des hurlements, des trépignements, des vociférations indécentes quand le patient se débat au bout de la corde, dans les affres de l'agonie.

La cérémonie de la pendaison a fini tard et notre badaud a les jambes rentrées. C'est pourquoi il retourne aux Troys-Maries où l'on est sûr de trouver à qui causer en dégustant un bol de poiré. Il y demeure jusqu'à la brune et puis il rentre souper avec dame Catherine qui n'est pas fâchée, ayant ravaudé des bas toute l'après-dînée, de se distraire en écoutant les récits de son conjoint qui sait tant de belles choses et les exprime si congrûment.

Ils se réconfortent tous les deux avec une pleine assiette de potage à la farine de millet, puis, après avoir, les coudes sur la table, grignoté quelques broutilles, telles que salade de bourcette assaisonnée au verjus, échaudés et marmelade de groseilles fraîches, ils montent dans leurs chambres, se couchent et dorment de ce bon sommeil que donnent les consciences tranquilles et les digestions heureuses.

CHAPITRE VI

XVIᵉ Siècle

La première moitié du xvɪᵉ siècle fut, pour Argentan, une suite d'années tranquilles. Pendant cette période, aucun fait remarquable ne s'y produisit.

Disons cependant que le roi François Iᵉʳ y vint en 1517 et en 1531.

Lors de son premier voyage, il y séjourna trois semaines. Il fut reçu au château par Marguerite de Lorraine et chassa plusieurs fois dans les forêts voisines. C'est à cette époque que des Miroirs, l'un des poètes de la cour, composa les vers suivants :

> *Vous qui voulez d'Argentan faire conte,*
> *A sa grandeur arrêter ne vous faut,*
> *Petite elle est, mais en beauté surmonte*
> *Maintes cités, car rien ne lui défaut ;*
> *Elle est assise en lieu plaisant et haut*
> *De tous côtés a prairie et campaignes*
> *Un fleuve aussi où maint poisson se baigne,*
> *Des bois épais, suffisants pour nourrir*
> *Biches et cerfs qui sont prompts à courir.*
> *Puis y trouvez, tant elle est bien garnie,*
> *Pour au besoin nature secourir,*
> *Bon air, bon vin et bonne compagnie.*

Voici, d'après l'abbé Laurent, comment le roi fut reçu par les habitants d'Argentan :

Les magistrats, ayant à leur tête le vicomte et le gouverneur, présentèrent au roi les clefs de la ville, avec les pains et le vin d'honneur. Les habitants offrirent à Marguerite de Lorraine, qui est appelée par quelques auteurs dame d'Argentan, 20 livres de soie plate de toute couleur et 50 livres de confitures sèches, et à Marguerite de Valois, 12 paires de gants ambrés, un petit baril de cotignac (confitures de coing) et six merles merveilleusement apprivoisés, qui sifflaient à qui mieux mieux. Ces oiseaux, avec leur cage dorée, avaient coûté 3 livres 10 sols.

Le chartrier de l'Hôtel-de-Ville d'Argentan possède une lettre autographe adressée le 24 mai 1516 par Marguerite de Lorraine aux habitants de cette localité pour leur annoncer l'arrivée prochaine du roi François Iᵉʳ. Nous la reproduisons ci-dessous :

La Duchesse d'Alençon
aux habitants de sa ville d'Argenthen,

Chers et bien amés, l'autre jour à notre départir d'avecques le Roy, il luy plut nous déclairer entre autres choses comme son intention estait de venir tantost à Argenthen allant par son duché de Normandye ; et pour ce qu'il est question qu'il y soit honorablement receu et traité, nous envoyons par dela le vicomte dudit Argenthen ce porteur pour vous adviser de ce que y aurez à faire, et l'en voulloir entièrement croire, et faire ce qu'il vous dira de notre part ; car nous espérons que la venue (du Roi) pourra estre cause de l'utilité et profit de la ville ; et en ce n'ait faulte, chers et bien amés ; notre seigneur soit votre garde.

A Mortagne, ce 24 jour de may.

Signé : MARGUERITE.

Contresigné : SERRE.

Lors de son second voyage, François Ier était accompagné par l'astrologue Nostradamus. Nous détachons ce passage du « Vieil Argentan » de M. Eugène Vimont :

Quand le roi François Ier vint à Argentan, en 1531, il amena avec lui le célèbre Nostradamus. Un jour, celui-ci se promenait à travers les rues, examinant les curiosités qui se trouvaient sur son passage. Tout à coup, en contemplant les beautés architecturales de l'église, il entend des gens pleurer, dans une bicoque adossée à Saint-Germain.

« Qu'y a-t-il donc ici ? demande-t-il aussitôt.

— Le maistre de cette maison vient de mourir. C'était un brave homme que maistre Pitart ! Nous le pleurons !

— Mais Pitart est vivant ! réplique l'astrologue du roi après un instant de réflexion. Menez-moi à sa chambre !

— Seigneur ! Nous ne demandons pas mieux que vous visitiez notre maistre ! Venez donc !

— Voyez-moi ces pieds ! dit Nostradamus en découvrant le prétendu mort. Cet homme n'est qu'endormi. Appelez le barbier et après une bonne saignée, il marchera tout seul ! »

Le barbier saigna maistre Pitart. Celui-ci revint aussitôt de sa léthargie. Il se leva et fut ressuscité. Pitart, bien guéri, se montra reconnaissant à l'égard de l'astrologue auquel il devait de vivre. Il fit représenter Nostradamus avec le costume de son état et fit mettre sa statue en plomb sur le haut de la couverture de la chapelle Saint-Jean-Baptiste. Cette manière d'astrologue en plomb était visible en 1690, raconte l'abbé de Courteilles, propagateur de cette légende (1).

Page 118.

En 1531, François Iᵉʳ et sa cour demeurèrent plus de deux semaines à Argentan. On envoya un hárnois à Ecouché pour lui procurer du vin. Le légat du pape vint rendre visite au souverain.

Le roi chassait, donnait des fêtes, mais le peuple mourait de faim :

La misère était grande en mil cinq cent vingt huit.
La terre fut stérile et l'homme fut réduit
A fabriquer du pain de faine et de fougère.
Si le vieux chroniqueur percheron n'exagère,
Cela dura cinq ans, et, dans certains endroits,
I e sac de blé valut quinze livres tournois.
Argentan pâtissait et subissait l'épreuve ;
Un seul maçon resté dans son église neuve
Gagnait trois sols par jour en grattant les piliers.

(Gustave Le Vavasseur, « Jehan du Coing ».)

La seconde moitié du xvrᵉ siècle fut, pour les Argentanais, moins calme que la première. Les guerres de la Réforme soumirent, en effet, cette ville à de nouvelles et douloureuses épreuves :

En 1562 (2), Coligny, chef des protestants, s'empare d'Argentan et lui impose dix mille livres de contributions.

Son armée, qui reste quelque temps dans cette

(1) Les chapelles du transept, ainsi que le corps principal de l'église, couvertes d'abord en tuiles, le furent plus tard en ardoises. Le faîte de ces chapelles est revêtu d'une chape de plomb. « Au bout de la chapelle Saint-Jean (aujourd'hui Saint-Mansuet), écrivait l'abbé de Courteilles vers 1690, se voit un astrologue sur un âne, le tout en plomb. »

(*Saint-Germain d'Argentan*, par l'abbé Laurent, page 123.)

(2) La même année, Catherine de Médicis, visitant la Normandie, passa par Argentan avec ses cinq enfants et le roi Henri de Navarre.

ville, et que la fougueuse éloquence de Théodore de Bèze entraine, y fait « bien des dégâts et de grands pillages ». L'église Saint-Germain est mise à sac. Hérembert du Paty rapporte avoir entendu dire souvent aux anciens habitants d'Argentan qu'un des hérétiques, voulant descendre l'image du crucifix pour la brûler sous le grand portail, « tomba de haut en bas avec cette image et se rompit le col ». Il ajoute que la plupart de ces sacrilèges sont morts dans les hôpitaux « consumés par la faim, mangés par les poux et les vers » ! En outre, de Courteilles nous apprend que lors de ce désastre, deux calvinistes périrent écrasés sous des statues qu'ils renversaient avec des cordages.

Les titres et les papiers publics, que, par prudence, on avait renfermés dans le château, y furent brûlés.

En 1568, de Montgomery, autre chef du parti, assiège cette localité, dans laquelle Dumoulinet, évêque de Sées, s'est enfermé avec les seigneurs catholiques de la région. La ville est vaillamment défendue et de Montgomery ne peut forcer l'enceinte. Il se retire après avoir mis le feu à l'église Saint-Martin qui lui avait servi de retraite.

Nous empruntons le passage suivant au manuscrit de M. de Colleville :

En 1568, de Montgomery n'ayant pu forcer Argentan pour y faire passer son armée (elle devait rejoindre celle du prince de Condé, autre chef des troupes calvinistes qui était dans le Poitou), s'empara, au mois de septembre, de l'église Saint-Martin, hors les murs de la localité, et s'y retrancha avec ses soldats dans le dessein de forcer la ville. Un coup de coulevrine que tira la garnison du château fit brèche au clocher. Alors le comte de Montgomery et ses gens, épouvantés par cette attaque, se retirèrent après avoir pillé et mis le feu à l'église.

(Page 49.)

Charles IX, qui, avec sa mère, Catherine de Médicis, avait visité Argentan en 1562, y fit un second séjour en 1570. Il y reçut un légat du pape qui lui présenta solennellement, au nom du Souverain Pontife, dans l'église Saint-Germain, une toque et une épée fort riches qui furent estimées à plus de 80.000 francs.

Lors des massacres de la Saint-Barthélémy, en 1572, de Médavid, gouverneur d'Argentan, refusa d'exécuter les ordres de la cour.

Le carnage dura sept jours dans Paris et deux mois dans les provinces.

François de France, duc d'Alençon, prévint et arrêta les massacres dans son duché. Jacques de Rouxel de Médavi qui venait d'obtenir de ce duc le gouvernement de la ville et du château d'Argentan, refusa de même de faire exécuter les ordres.

(*Histoire d'Argentan*, de J.-A. Germain, page 392.)

En 1574, les calvinistes, irrités des massacres de la Saint-Barthélémy, reprennent les armes et s'emparent de plusieurs villes ; Argentan est du nombre. Mais M. de Matignon, à la tête de six mille hommes de troupe et de la noblesse catholique du pays les en chasse la même année (1).

Argentan entra dans le parti de la Ligue, mais en 1589, les bourgeois abandonnèrent ce parti et forcèrent le gouverneur, qui n'avait que trois cents hommes de garnison, à leur remettre les clefs de la ville qu'ils ouvrirent alors à Henri IV. Ce roi demeura à Argentan jusqu'au siège de Falaise et la plupart du temps que dura ce siège.

On lit à ce sujet dans le *Vieil Argentan* de M. Eugène Vimont :

Le dimanche 24 décembre 1589, durant le siège de Falaise, le roi Henri IV vint passer les fêtes de Noël à Argentan. Ce fut Jean Lemoine « maistre de l'hôtel où pend pour enseigne les Troys-Maries » qui donna le pain bénit à l'église Saint-Germain et fournit du vin pour le service du Roy.

(Page 41.)

Thomas Prouverre raconte que le roi assista à la messe de minuit, bien qu'étant encore protestant.

Nous savons aussi que sa majesté fut reçue solennellement par le clergé d'Argentan et qu'on lui offrit, suivant l'usage, un cierge à la messe de minuit :

Malgré la rigueur de la saison, car on était alors au 24 décembre, les autorités de la ville, ayant à leur tête tout le clergé qui marchait processionnellement, allèrent au devant du roi jusqu'à l'église Saint-Martin-des-

(1) Il n'y eut jamais ni temple, ni consistoire à Argentan. (*Histoire de l'Abbaye de Sainte-Claire*, par l'abbé Laurent, page 18.)

Champs. Le curé le complimenta et l'accompagna jusqu'à la ville où le roi fit une entrée triomphale au milieu de l'allégresse des habitants « qui luy allant baiser les mains, luy offrirent leurs cœurs avecques le pain et le vin de ville du meilleur qu'ils avoient pu trouver. »

(Pigeon   Recherches historiques sur Argentan, p. 91.)

Payé 14 sols pour un cierge de cire pesant cinq quarterons, pour estre donné au Seigneur Roy, à l'église.

Payé à l'hôtesse du « Cheval-Blanc » 16 sols 9 deniers pour neuf demions de vin clairet pour mettre en bouteille, pour dire les messes pendant que le Roy, nostre sire, estoit en ceste ville, en attente du siège de Falaise.

(Comptes du trésor d'Argentan.)

Le domaine d'Argentan, distrait du duché d'Alençon par Henri IV et engagé, en 1586, à titre de rachat perpétuel, à Marguerite de Lorraine, resta dans la maison de Lorraine jusqu'à Françoise de Lorraine, duchesse de Mercœur, qui le porta, en 1609, dans celle de Vendôme, prince légitimé, fils naturel de Henri IV.

**

Les faits suivants, bien que présentant moins d'intérêt que ceux que nous venons d'énumérer, méritent néanmoins qu'on leur consacre quelques lignes.

FONDATION DU COUVENT SAINTE-CLAIRE

Marguerite de Lorraine, veuve du duc René d'Alençon, songea, en septembre 1517, à fonder une maison religieuse à Argentan. Elle fit préparer, au château, les logements du roi François Ier qui parcourait alors son royaume et qui se disposait à chasser dans la forêt de Gouffern. En mars 1518, la duchesse Marguerite et son fils accordèrent trois acres de terre au Clos-Pépin à la nouvelle congrégation. Ils firent boucher l'extrémité de l'antique voie romaine qui tendait du Beille à Saint-Martin-des-Champs, en passant par le Bain-Sacré. L'inauguration de l'église et du couvent Sainte-Claire eut lieu le 11 août 1520. Ce fut en 1521 que mourut la bisaïeule de Henri IV.

(**Le Vieil Argentan**, de E. Vimont, **page 125.**)

La rue de Dorion prenait naissance à l'extrémité de la rue du Beigle, vers le sud-ouest, et s'étendait du portail du couvent Sainte-Claire jusqu'au moulin domanial de Dorion.

Les murs du couvent et les enclos des religieuses Sainte-Claire bordaient un des côtés de la rue, tandis qu'un ruisselet, alimenté par les eaux des tanneries voisines, régnait de l'autre côté. La rue Sainte-Claire prenait naissance à la rue du Beigle et s'étendait depuis le portail Sainte-Claire jusqu'à l'entrée du Tripot. Ces deux rues forment la rue des Moulins.

Près du Tripot, on voyait la rue de la Noë qui se terminait à la barrière du tarif, en s'étendant le long des murs de Sainte-Claire.

(**Même ouvrage, page 45.**)

Une statue de la Vierge surmontait la grande porte extérieure qui faisait face à la rue du Beigle. L'église se prolongeait à l'est, parallèlement à la rue des Moulins ; elle était vaste et l'architecture, quoique simple, ne manquait pas de noblesse. Le chœur avait une couronne de quarante-huit stalles ; au milieu, surmontant le lutrin, s'élevait une croix de trois mètres de hauteur. Outre un certain nombre de statues, qui ont été brisées ou spoliées pendant la période révolutionnaire, cette église renfermait quelques bons tableaux ; deux de ces derniers furent transportés à Saint-Germain et ornent des chapelles latérales.

Marguerite de Lorraine prit l'habit dans la chapelle Saint-Nicolas en 1519 (1). A sa mort (2), son corps fut déposé dans un cercueil de plomb que l'on plaça dans un caveau de l'église Sainte-Claire. Son cœur, conservé séparément, appartient aujourd'hui à l'église Saint-Germain.

En 1793, le corps fut transporté dans le cimetière commun de cette église et le cercueil de plomb servit à faire des projectiles de guerre.

D'après nos anciennes chroniques, l'intervention posthume de Marguerite de Lorraine aurait produit, dans divers cas de maladies graves, des « guérisons miraculeuses ». Nous citerons, entre autres, la guérison de Mᴵᴵᵉ Fermanel, fille de maître Fermanel, lieutenant au bailliage de Rouen, qui se produisit en 1667, et celle de la sœur Pollin de Valmesnil,

---

(1) L'année suivante avait lieu sa profession dans l'église du monastère.

(2) Elle était âgée de 58 ans.

religieuse du couvent de Sainte-Claire d'Argentan,
qui eut lieu en 1694.

*On voyait souvent la reine Marguerite donnant
l'aumône aux pauvres, assistant à leur dîner, ceinte
d'un tablier et « portant de ses deux mains les couettes
pour les servir, nourrissant les orphelins, acquittant
les dettes des veuves nécessiteuses et dépensant, chaque
année, des sommes considérables pour la délivrance
des prisonniers. »*

(Histoire de Marguerite de Lorraine, par C. Laurent.)

*Apprenait-elle que quelque jeune fille, à cause de
son indigence, fut empéchée de contracter un honnête
mariage, elle s'empressait de lui fournir la dot nécessaire. Les malheureux avaient accès auprès d'elle à
toute heure, même pendant ses prières ou ses repas.*

(La Normandie monumentale et pittoresque,
Notice de Louis Duval.)

Le plan Bouglier-Desfontaines, dressé en 1755,
nous donne, sur le couvent de Sainte-Claire, les
quelques renseignements qui suivent :

Derrière le porche d'entrée, situé en face de la
rue du Beigle, était une grande cour au fond de
laquelle se trouvaient les parloirs.

A droite de cette cour, se voyaient les « maisons
des tourières » et, à gauche, l' « allée des Cordeliers » ; cette allée, bordée d'un côté par l'église et
de l'autre par le mur de la rue, conduisait du porche
d'entrée aux « maisons des Cordeliers », sises à l'intersection des rues Sainte-Claire et de la Noë.

D'après le même plan, les terrains de cette com-

munauté bordaient la rue de la Noë sur une longueur
considérable.

Le monastère de Sainte-Claire, enrichi à différentes reprises par la munificence royale, subsista
jusqu'à la fin de septembre 1792. Les derniers vestiges de cet ancien couvent sont presque entièrement disparus. L'immeuble portant le n° 10 de la
rue des Moulins est construit sur l'emplacement
occupé autrefois par le couvent Sainte-Claire. L'ancienne chandellerie de Sainte-Claire existe encore
dans les jardins de cette propriété.

Etablissement d'un Grenier a sel

La gabelle, ou droit d'impôt sur le sel, paraît
remonter au premier Valois. A l'origine, Argentan
dépendait du Grenier à sel d'Exmes. Mais, pour la
commodité des Argentanais, une Chambre à sel fut
établie à Argentan dès 1508 dans l'antique cohue
du XIIIᵉ siècle qui se trouvait place de l'Hôtel de
Ville.

En 1577, cette Chambre à sel fut érigée en Grenier.

Création de l'Election d'Argentan
Perception de la taille

En 1572, fut créée l'Election (1) d'Argentan avec
225 paroisses. Puis on trouva qu'il fallait augmenter
le siège de Sées et l'on réduisit Argentan à 171 paroisses.

---

(1) Etendue de pays payant la taille.

Les tailles constituaient le plus solide revenu des rois de France. Ce fut, dit-on, Saint-Louis qui, le premier, imposa la taille à tous les ordres de la nation. Comme les collecteurs étaient illettrés, ils se servaient de petits bâtons sur lesquels ils *taillaient* l'imposition qu'ils recevaient.

Cet impôt était déterminé de la façon la plus arbitraire De là de nombreuses réclamations jugées par les officiers de l'Election.

CLOCHE DU MARCHAND

Au sujet de cette légende, les avis sont partagés :

D'après M. Eug. Vimont, cette cloche fut offerte à l'église Saint-Germain en 1535.

D'après la légende, telle que nous la trouvons contée dans l'ouvrage de M. l'abbé Antoine intitulé : « L'église Saint-Germain d'Argentan », cette donation eut lieu dès l'année 1377.

Voici les deux versions :

Nous avons lu dans les comptes des trésoriers de l'église que Mary Delacroix, bourgeois de Rouen, donna, vers 1535, une des trois petites cloches « placées et pendues dans la Tour-Neusve ».

Mary Delacroix est ce marchand dont parle la légende et que poursuivaient les voleurs de la forêt de Gouffern. Ayant entendu le son de la cloche de Saint-Germain, il put se guider et échapper aux brigands qui le menaçaient. Le bourgeois de Rouen donna donc en reconnaissance une cloche à Saint-Germain, à la condition qu'elle se ferait entendre à chaque foire. Aujourd'hui,

on sonne encore la « cloche du marchand » la veille
de chaque foire, à 9 heures précises.

(Le Vieil Argentan par Vimont, page 110).

Comment parler des cloches de Saint-Germain
sans rappeler la tradition, chère aux Argentanais,
de la cloche du marchand ; tradition autour de laquelle
s'est formée une gracieuse légende !

Donc, l'an 1377, la veille de la foire de Quasimodo,
Jacques Gaultier, fils du Prévôt des marchands de
Paris et fournisseur du roi Charles V, chevauchait du
côté d'Argentan, où il était venu plus d'une fois.
Jacques était fiancé à Jehanne de Beaumont, fille de
l'un des membres du Parlement de la capitale, et il
devait l'épouser à son retour, sous les auspices de Marie
d'Espagne, comtesse d'Alençon, d'Etampes et du
Perche.

Comme le soir tombait, le jeune homme s'aperçut
que des malandrins le poursuivaient. Il piqua des deux
et s'enfonça au plus épais de la forêt de Gouffern.
Cependant la nuit était venue, nuit si ténébreuse qu'il
s'égara. Déjà le désespoir s'emparait de son âme,
lorsque la pensée lui vint de promettre à Dieu une
offrande pour l'église de Saint-Germain, s'il échap-
pait à ses assassins et s'il retrouvait son chemin. Il
avait à peine formulé ce vœu, que la cloche qui sonnait
le couvre-feu d'Argentan se fit entendre au loin. Guidé
par elle, le voyageur ne tarda pas à sortir de la forêt,
et bientôt il mettait pied à terre dans notre bonne ville.

Gaultier n'oublia pas sa promesse. L'année suivante,
il fit présent à l'église de Saint-Germain d'une cloche,
à charge de la mettre en branle, la veille de toutes les
foires. Marie d'Espagne en fut la marraine, et elle reçut,

de la voix populaire, le nom de Cloche du Marchand.

De nos jours encore, on sonne la cloche légendaire, la veille de nos quatre anciennes foires, qui sont : les foires de la Fête des Morts, de la Saint-Vincent, de Quasimodo, de la Pentecôte ou du Chambellan, rétablie par Charles VII en 1450. Lentement balancée à l'heure du couvre-feu, elle remplit au loin les airs de sa voix grave et sonore apportant à tous un écho du passé.

Telle est la tradition de la Cloche du Marchand.

(L'Eglise Saint-Germain d'Argentan, par
l'abbé Antoine, page 71.)

Nous empruntons au même ouvrage le passage suivant qui se rapporte à la cloche offerte par Mary Delacroix, bourgeois de Rouen.

En 1511 « honneste homme Mary de la Croix, sieur de Fresné-le-Buffard et bourgeois de Rouen », fait don à l'église de Saint-Germain d'une cloche « du pesant de trois cent sept livres ou environ », à charge par les trésoriers de faire célébrer chaque année, à ses intentions, une messe haute avec vigiles. L'acte de fondation, conservé aux archives de Saint-Germain, n'indique pas l'emplacement de la cloche. Prouverre la compte parmi celles du petit clocher ; mais il se trompe en supposant qu'elle ne fut donnée qu'après 1562.

(Page 73.)

L'*Almanach de l'Orne* pour l'année 1857 a publié, page 131, une troisième version de cette légende, (version imitée de Thévenot).

Le Journal de Sées du 30 janvier 1909 en a publié une quatrième, etc. Mais si la forme diffère, le fond reste le même, il s'agit toujours d'un marchand égaré auquel le tintement d'une des cloches de Saint-Germain fait retrouver sa route.

AFFAIRE BARIL

Maître Nicolas Baril se chargea, au mois de mai 1581 et moyennant 210 livres tournois, de remettre en bon état les orgues de l'église Saint-Germain.

Son travail n'ayant pas donné toute satisfaction, les bourgeois refusèrent de payer à Baril un excédent de dépenses de cent écus.

Sur leur demande un prêtre originaire d'Argentan et procureur au collège Sainte-Barbe à Paris, leur dépêcha un excellent expert, Maître Jehan de Segrey, qu'un loueur de chevaux d'Argentan alla chercher et reconduisit sur un de ses chevaux. Le voyage, à l'aller et retour, coûta 4 écus et 5 sols.

De la visite faite en présence de l'intéressé, il résulta que les orgues n'étaient pas recevables.

Condamné à les « racoustrer », Baril n'y put réussir et, après avoir engagé et perdu plusieurs procès, il se vit contraint de quitter Argentan.

(Recherches sur les orgues de l'Eglise Saint-Germain d'Argentan, par l'abbé Antoine, page 15.)

Cette affaire, qui ne présente aujourd'hui qu'un médiocre intérêt, fit quelque bruit à l'époque où elle se produisit. C'est pourquoi nous n'avons pas cru devoir la passer sous silence.

Déplacement
de la Cohue et des Halles

Au xɪɪɪᵉ siècle, la Cohue était située, comme nous l'avons dit, en face de la Grande-rue. Elle fut installée ensuite au bas de la rue du Vicomte où un incendie la détruisit. En 1574, on la transféra rue de la Vieille-Prison, nº 1, dans la Grange au Foin appelée aussi Grange au Prince, où elle resta jusqu'en 1727, époque à laquelle elle fut installée au Grand-Logis ou Château (1).

Au xvɪᵉ siècle les échevins, gouverneurs et officiers se réunissaient dans la Cohue ou Auditoire (2).

Depuis la fin du xɪɪᵉ siècle, les halles et le marché se tinrent, comme on l'a vu plus haut, dans l'enceinte des nouvelles fortifications, au bas de la rue du Vicomte, dans le voisinage de la tour Marguerite.

En 1557, les officiers de la ville reportèrent l'emplacement des halles dans la rue actuelle des Vieilles-Halles « où soullaient estre les halles anciennes » avant la destruction d'Argentan par Henri Iᵉʳ, roi de France. Cette dernière rue reprit alors, pour un temps, le nom de rue des Halles, tandis que la rue des Halles, dans l'intérieur de l'enclos, s'appela rue des Vieilles-Halles.

La rue des Halles comprenait deux parties : La

---

(1) D'après les manuscrits Bailleul et Lautour-Montfort.

(2) « 23 décembre 1576 : Devant nous... en l'Auditoire d'Argentan, se sont comparus au son de la cloche, les bourgeois...... suivant qu'il avait été fait scavoir aux prosnes des grand'messes paroissiales de Saint-Germain et Saint-Martin de cette ville. »

       (Extrait des archives de l'Hôtel-Dieu d'Argentan.)

rue de la Boucherie (vers la Poterie), la rue des Halles (vers la rue des Telliers). La ruelle de la Boucherie, qui existe encore, la faisait communiquer avec la rue Saint-Thomas (1).

LES GOUVERNEURS DE LA VILLE VIENNENT HABITER LE CHATEAU

Pendant que les rois d'Angleterre et les comtes et ducs d'Alençon séjournaient au château, les gouverneurs de la ville demeuraient dans une maison voisine des fossés du donjon, près de la porte de l'Horloge.

En 1586, le comté d'Argentan étant passé aux mains de la maison de Lorraine, les gouverneurs allèrent habiter « le logis » ou maison royale, qu'ils gardèrent jusqu'en 1727.

LA PESTE A ARGENTAN ET L'HOPITAL SAINT-ROCH

La peste qui désola la ville d'Argentan dans le seizième siècle et qui la réduisit presque à un désert engagea l'administration de l'Hôtel-Dieu à acquérir, en 1554, une pièce de terre labourable, avec les maisons qui y étaient édifiées, pour y établir un hopital éloigné de la ville et destiné aux pestiférés (2). Louis du Moulinet, évêque de Sées, y fit la bénédiction d'un cimetière, le 13 mars 1580, il le dédia à saint Roch et à saint Sébastien.

La peste continuant de ravager le pays, on y fit bâtir,

(1) Dite, plus tard, *rue de la Croix-Verte*. (Plan Bouglier-Desfontaines.)

(2) « Pour avoir lieu et place à mettre et loger les malades inconvénientés de peste », disent les anciennes chroniques.

en 1586, la chapelle, sous l'invocation de saint Roch, et des infirmeries propres à contenir un plus grand nombre de malades et plus commodes pour cet usage que les anciens bâtiments dont on s'était servi provisoirement.

Avant cet établissement, les malheureux habitants attaqués de la peste étaient transportés hors de la ville et déposés dans des tonneaux au milieu de la campagne où ils étaient soignés autant bien que possible.

En 1588, la ville reconnut de nouveau l'utilité de l'hopital Saint-Roch, car la peste reprit alors plus cruellement qu'auparavant. Elle s'apaisa après avoir enlevé un grand nombre d'habitants.

Plusieurs, de temps à autre, en furent encore victimes. Les bourgeois échappés à ce cruel fléau, qui avait cessé complètement, commençaient à espérer de voir la ville se repeupler, mais en 1597 la peste ramena avec elle la consternation et l'effroi.

(Manuscrit de Colleville, page 119.)

Eglises Saint-Germain et Saint-Martin

La construction de l'église Saint-Germain fut fréquemment interrompue pendant une partie du xviᵉ siècle, tant à cause des guerres civiles que de la misère publique.

Les deux tours de cet édifice étaient construites dès 1559, mais la plus grosse ne s'élevait guère au-dessus des habitations voisines.

Les alentours de l'église Saint-Germain étaient éclairés pendant l'hiver par « une lanterne donnant lumière au soir et matin alentours de l'église » et située au-dessus du grand portail. D'après les registres des trésoriers de Saint-Germain, « une poulye de boys servait à manœuvrer cette lanterne de verre. »

D'autres renseignements nous ont été donnés sur le passé de l'église Saint-Germain par des pages diverses, soit manuscrites soit imprimées. Voici les plus intéressants :

Dans l'emplacement occupé par les fonts baptismaux, nous dit Prouverre, se trouvait « une cheminée qui servait anciennement à faire du feu pour échauffer les enfants que l'on déshabillait tout nus pour les baptiser. »

Le même chroniqueur nous apprend que vers 1585, les prêtres étrangers qui célébraient la messe à Saint-Germain étaient tenus d'apporter le vin qui leur était nécessaire. « Il y avait, dit Prouverre, à chaque autel, une chopinette attachée avec une chaîne de fer pour y mettre de l'eau. J'ai encore, de notre temps, connu quatre prêtres de Fontenay et de Sarceaux qui y venaient tous les jours et qui avaient dans des coffres des chasubles et des calices d'étain ; ils n'avaient que faire à la sacristie qui ne leur fournissait que de l'eau et se lavant les mains, ils les essuyaient au bout de nappes effroyables. »

Nous ne possédons pas de détails sur la construction de la tour centrale. Son caractère architectural lui assigne pour date le xvie siècle (probablement de 1550 à 1555). A peine bâtie, cette tour, qu'on appelait *la tour neuve*, servit de poste d'observation au temps des guerres religieuses.

Des sentinelles faisaient le guet à l'*échauguette*. Les frais de l'*échauguette* (guetter ès champs) étaient couverts par une taxe imposée sur chacun des bourgeois de la ville. Elle était recueillie à domicile tous les trimestres.

Trois portes furent placées, en 1588, dans l'escalier de la tour neuve, pour éviter que la sentinelle pût être surprise. Plus tard, toutes les marches inférieures du petit clocher furent supprimées pour ce motif.

Six hommes ayant travaillé, en 1552, « à monter de la tuile pour couvrir les bas côtés, proche la grosse tour », il leur fut payé 13 deniers pour trois pintes de pommé et un pain ; quelques enfants, qui avaient aidé, reçurent 3 deniers pour acheter des mérises. C'est la première fois qu'il est parlé de pommé dans les comptes du trésor. Auparavant, c'était toujours du vin que l'on payait aux ouvriers.

(Histoire de Saint-Germain d'Argentan, par
l'abbé Laurent, page 47.)

Les murs de l'église Saint-Martin, incendiée, comme on l'a vu, par les calvinistes, furent rétablis jusqu'aux claires-voies et la nouvelle charpente posée sur les portiques. Pendant les troubles de la Ligue, le gouverneur d'Argentan, se rappelant que Montgomery avait lancé du clocher de Saint-Martin force arquebusades sur la ville, donna l'ordre au trésorier de cette église de faire démolir quarante marches du clocher. La sommation n'admettant aucune réplique, il fallut s'y soumettre. C'est ce qui explique pourquoi la hauteur de la tour n'est pas en rapport avec l'ensemble de l'édifice.

Aspect de la Ville

Au xvıᵉ siècle, Argentan s'enrichit de nouvelles tavernes; nous les désignons ci-dessous en indiquant, pour chacune, l'époque probable de sa fondation :

1520 : Escu-de-France. — Hostel du Griffon (ou du Griffon d'or).

1532 : Les Trois-Sauciers. — La Croix-Blanche. — Le Cheval-Blanc.

1539 : Le Plat d'Estain (ou le Pot d'Estain). — La Croix-Verte.

1536 : La Teste-Noire.

La rue Paul-Boschet n'était alors désignée que sous le nom de *Grande-Rue de la Croix-Blanche* à cause de l'hôtellerie de ce nom assise près de la rue Saint-Thomas.

L'enseigne de cette hôtellerie existe toujours sur la maison nᵒ 14 de la rue Paul-Boschet.

En 1837, d'après M. de Colleville, on voyait encore l'auberge des Trois-Sauciers près de l'église Saint-Martin.

La « Teste-Noire » donna son nom à la rue qui « joignait la Grande-Rue à la rue des Telliers ». C'est aujourd'hui la rue Papegaux.

Comme il a été dit au chapitre précédent, la rue qui « joignait la Porte de l'Horloge à la rue du Petit-Carrefour » (Rue Saint-Martin) était, au xvᵉ siècle, appelée *rue du Chasteau* ou *du Chastel*.

La partie la plus basse devint bientôt la rue du Griffon, à cause de la taverne où pendait pour enseigne un griffon.

Le *Petit-Carrefour* était situé à l'intersection des rues Traversière ou Avesgo, du Griffon, de la rue « tendant aux vieilles-halles » et de la rue Notre-Dame-de-Pitié ou du Petit-Carrefour qui est aujourd'hui la rue Saint-Martin.

Cette dernière rue communiquait avec la rue Traversière par les rues *de l'Audience* et *de la Geôle* dont on a fait la rue de la Vieille-Prison, appelée d'abord *petite rue Avesgo*.

Au XVIᵉ siècle, il y avait un grand nombre de porches ou portiques sur la place du Grand-Carrefour (place Henri-IV). Mais, en 1581, Jacques Gautier, vicomte d'Argentan et d'Exmes, exposa aux officiers de la ville que ces porches servaient de retraite aux « libertins, coureurs de nuit », etc., et qu'il s'y commettait journellement « des mauvaises actions de toute espèce ». M. de Beauclair, conseiller de Monseigneur d'Alençon, envoyé à Argentan à l'effet d'ouvrir une enquête à ce sujet, ordonna que tous les portiques de la ville seraient fermés à l'exception de celui que l'on voit encore au milieu de la place Henri IV et d'un autre qui se trouvait dans la rue du Vicomte et qui n'existe plus aujourd'hui.

L'ordonnance de M. de Beauclair fit fermer deux porches dans la rue du Griffon et un dans la rue Saint-Martin.

En 1565, la plupart des rues furent repavées

Les passages suivants sont extraits des archives de l'Hôtel-Dieu d'Argentan.

Ce 14 décembre 1565, Mériaux, maître paveur en ceste ville, s'oblige envers maître Gilles Lemarchant, procureur-syndic des bourgeois d'Argentan...

*De relever le pavey à l'endroit des Troix-Croix
tirant près Saint-Thomas et ce fait relever le pavey de
la rue Saint-Thomas tirant droit à s'en venir à l'enclos
de ceste dite ville d'Argentan, aux endroits les plus
nécessaires.*

*Et après, relever le pavey de la Grande-Rue du
Carfourg, depuis le second puis de la dite rue tirant
près la porte de la Chaussée, de laquelle il relèvera le
pavey depuis le « Cheval Blanc » jusque près le Grand
Pont, puis après entre les deux ponts et faubourg
Saint-Jacques. Et de là se transportera en la rue
Saint-Martin, relèvera le pavey d'icelle rue....*

Le tout à raison de 10 sols par toise.

*....pavera de neuf la Grand-rue tirant de l'esglise
Saint-Germain à la vieille et ancienne cohue.*

*Et ce fait commencera à paver de neuf la rue pro-
chaine de l'Auditoire de ceste ville...*

*Et d'autant que la rue de la fontaine des religieuses
tendant au moulin de Dorion est de difficile accès,
ledit Mériaux s'est en pareil obligé icelle paver de neuf
et hausser de sable. Ledit pavey neuf lui sera payé
30 sols la toise.*

La galerie couverte de plomb doré qui partait
du palais ducal pour aboutir à la *tour de la Reine,*
sur le Beigle, fut détruite, en 1562, au temps des
guerres de religion.

Instruction. — Mœurs

En 1565, le prix du mois « d'escollage » avait aug-
menté. Il était de cinq sols par élève, chiffre assez

élevé pour çe temps. Les officiers et bourgeois de la ville nommèrent trois prêtres « Régens des écolles d'Argenthen ». En outre, il y avait plusieurs « maistres escripvains » (1).

Ce premier collège semble avoir disparu vers 1591. Quoiqu'il en soit, beaucoup de gens, à cette époque, savaient écrire leur nom. Les personnes illettrées remplaçaient leur signature par la marque distinctive de leur profession. M. Eugène Vimont, dans son *Vieil Argentan*, écrit à ce sujet :

En 1596, le nombre des personnes sachant signer est de 52 %. Nous avons fait une curieuse observation au sujet des marques dont se servaient les gens illettrés. Chacun dessinait, avec le plus de soin possible, les marques distinctives de sa profession ou de son métier. Ainsi, nous avons vu, à profusion, des parapluies tracés par des marchands de parapluies, des clefs dues à des serruriers, des réchauds, des pinces, des croix, des grils, des raquettes, des compas, des fers à cheval, des éperons, des ciseaux, des pelles, des herses, des navettes, des clous, un banc...

(Page 147.)

C'est vers la fin du xvie siècle que naquit, à Argentan, Chrétien des Croix, poète et auteur dramatique.

D'après l'abbé de Courteilles, un certain relâchement dans les mœurs religieuses et la piété publique

---

(1) A côté de l'enseignement officiel fonctionnait l'enseignement libre.

aurait été constaté dans cette ville pendant les xvIᵉ
et xvIIᵉ siêcles.

M. Vimont dit à ce sujet :

*Les enfants se tenaient si mal à l'église qu'un prêtre
était obligé de rester en permanence sur les marches
du chœur, un paquet de verges à la main. Les grandes
personnes ne se tenaient pas mieux que les écoliers
et l'église était remplie d'individus de toute condition
qui ne faisaient que s'entretenir de leurs affaires
particulières.*

(*Le Vieil Argentan*, page 127.)

*Le gardien des enfants occupait sur les bancs du
chœur le siège le plus rapproché de l'autel, ayant toujours à la main une grosse et longue poignée de
verges.*

(*Histoire de Saint-Germain*, par l'abbé
Laurent, page 206.)

Quoiqu'il en soit, les cérémonies religieuses avaient,
à cette époque, une importance considérable à Argentan. La représentation des *mystères* y attirait une
foule énorme et se déroulait au milieu d'une fastueuse
mise en scène.

Nous lisons dans le manuscrit de M. de Colleville :

*La plus ancienne confrérie établie dans l'église
Saint-Germain et la plus considérable est celle du Saint-
Sacrement, vulgairement dite « La confrérie des Prê-
tres ». Dès l'an 1500, les ecclésiastiques obtinrent du
pape la permission de représenter le mystère de la
Passion et le martyr des saints le lundi dans l'octave*

*de la Fête-Dieu qui était le jour de la fête de leur con-
frérie.*

*Cette solennité devint célèbre par le concours de
quatre à cinq mille étrangers que les pieuses farces qui
s'y représentaient dans le cours de la procession de ce
jour amenaient des environs en cette ville.*

*D'où est venu ce proverbe populaire : Sacre d'An-
gers, Fêtes de Rouen, Flaries d'Argentan (1).*

*Ces représentations, plus propres à amuser le peuple
qu'à lui inspirer les vertus des saints, furent bannies
dans la suite par la pureté du goût.*

(Page 39.)

D'une description, parue en 1888 dans le second
bulletin de la Société historique de l'Orne et due à
la plume de M. Henry du Motey, nous détachons les
passages suivants :

Plaçons-nous au XVIe *siècle, en 1575, si on veut,
et reconstituons, au moyen des documents les plus
authentiques,* la fête de la Convention, à Argentan,
et la procession solennelle du jour.

*Nous sommes au lundi de l'octave de la Fête-Dieu,
en juin. Depuis plusieurs jours déjà, les hostelleries
de la ville sont encombrées d'une foule accourue de
très loin, de Falaise, de Rouen, du Mans, d'Angers
et de cent autres lieux. Les seigneurs de quelque importance, les riches marchands sont descendus de préférence à la Croix-Blanche, dont l'hoste, M*[e] *Biard,*

---

(1) On disait aussi : « Il y a trois choses à voir : Le Sacre d'Angers, l'Ascension de Rouen et la Frarie d'Argentan. » (*Histoire de
l'Abbaye de Sainte-Claire*, par l'abbé Laurent, page 118.)

*est en renom, ou aux Trois-Marie : la cuisine y est
excellente et le pommé exquis.*

*Dès l'aube, par toutes les portes de la cité, entre une
file interminable et bigarrée venant de toutes les paroisses de la banlieue : le seigneur haut empanaché, à la
rapière artistique, au coquet manteau de soie, y cou-
doie le petit gentilhomme campagnard qui porte fière-
ment son pourpoint suranné, ses hauts de chausse
déteints et jette un coup d'œil de complaisance sur sa
lourde épée. L'un et l'autre sont montés sur de solides
chevaux qui plus d'une fois, par ces temps de troubles
et de guerres, ont mené leurs maîtres au combat. Le
hobereau porte en croupe la damoiselle son épouse,
tandis que la haute et puissante dame lui rend digne-
ment son salut du haut de son carrosse tout neuf.
Plus loin s'avance un groupe de marchands de bœufs
auxquels les derniers marchés de Poissy ont été favo-
rables. Leurs vêtements sont de couleur sombre, mais
de beau drap, et solide ; ils marchent portant haut la
tête ; parmi eux plus d'un sera le gentilhomme de
demain. Voici de nombreuses familles de fermiers
suivies de leurs domestiques : tout le monde est
venu : depuis le petit enfant jusqu'à l'aïeul courbé
par l'âge.*

*Quelle variété de costumes ! On s'aborde, on se parle,
on salue au passage le curé qui s'avance gravement
monté sur sa mule. Tous les visages sont épanouis, on
respire, nul danger ne menace ; avec ces guerres mau-
dites, les joies sont rares pour les pauvres gens et les
horions nombreux. Les mendiants ne manquent pas
non plus, tout disposés qu'ils sont à transformer, par
ces jours de fête, plus d'un coin d'Argentan en cour des
Miracles, et, de-ci de-là, on aperçoit quelques soudards
encasqués, à la mine peu rassurante.*

Les bourgeois sont fort affairés ; certains, montés sur des échelles et le marteau à la main, tendent leurs demeures de riches tapisseries, d'autres jonchent le sol d'herbes et de fleurs des champs. Mgr l'Evêque de Séez accorde une indulgence de quarante jours à ceux qui prendront ce soin et il est fort prudent de se munir pour l'autre monde.

Suivons la foule et entrons avec elle dans l'église Saint-Germain, non sans avoir jeté un coup d'œil sur les murailles de son portail et regretté cette statue de la Vierge donnée par Charles VII, que les Huguenots ont récemment abattue.

Trois messes hautes à diacre et sous-diacre viennent d'être chantées : la monstrance (ostensoir) d'or brille au milieu d'un riche luminaire et de fleurs aux mille couleurs. Elle se détache sur les tentures azurées du chœur dont le sol, comme celui du reste de l'église, est jonché de pavots et d'autres herbes odoriférantes. Des branches de hêtre (fouteau) sont apposées le long des piliers et jusqu'aux claires-voies et clochers. Les officiants en chapes de brocard ou de soie blanche et bleue sont à l'autel, le roi de la confrérie et messire Michel Gacey, curé d'Argentan, à leur tête.

Plus de trois cents prêtres remplissent le chœur et une partie de la nef, et dans les hautes stalles on aperçoit, se drapant dans leurs robes fourrées d'hermine, d'un côté Messieurs du bailliage avec le lieutenant général civil et criminel, de l'autre Messieurs du corps de ville. Dans le reste de l'église s'agite une foule nombreuse de personnages bariolés, qui se rangent par groupes.

Les rayons du soleil, adoucis par les superbes vitraux coloriés, baignent toute cette foule et des nuages d'encens montent aux voûtes.

A un signal, l'orgue que les Huguenots avaient brisé en 1562 et qui vient d'être restauré, fait entendre le prélude du Lauda Sion. Le maître de musique Guitonnière lève son bâton, le chœur éclate, les archers saluent de la hallebarde, les trompettes fanfarrent des chants d'allégresse, et tandis que le dais s'étend sur l'ostensoir, la procession s'ébranle.

Pour bien la contempler, sortons de l'église et joignons-nous à ce groupe de bourgeois qui se tient placé près de la porte de ville que doit franchir le cortège sacré pour aller à la chapelle de Notre-Dame-de-la-Place. En attendant, on cause et nous apprenons que la procession doit être cette année plus belle encore que de coutume : les ornements et hardes de la confrérie ont été raccoustrés par une habile couturière, Barbe Jardin, la fille de Thomas, et dans ce but on a fait maintes emplettes à la Guibray dernière. On en a du reste grand soin, car pendant l'année, la confrérie a donné à Jacques Guy, clerc de l'église, 18 deniers pour les mettre au soleil et iceux espoudrer.

Un brave tanneur, car il y a beaucoup de tanneurs à Argentan, et ils sont gens de conséquence, nous apprend que depuis plusieurs années ce n'est plus l'honorable Jacques Bouglier qui joue le personnage de Notre-Seigneur portant sa croix, mais un certain Paul Turgeot. Quant à Guillaume Goupil il continue à jouer depuis 1573 le rôle de Judas et reçoit toujours pour ce la somme de cinq sols. Le son de la cloche de Notre-Dame-de-la-Place annonçant l'approche de la procession coupe la parole au tanneur. Les archers refoulaient déjà la foule à droite et à gauche et on commençait à entendre, se mêlant aux chants sacrés, le bruit des tintenelles, des violons et le son aigrelet des trompettes. Voici la procession :

Derrière les archers s'avancent à pas comptés les clercs de la charité revêtus de sortes de dalmatiques et portant sur la poitrine les armoiries de la confrérie : d'azur à la monstrance d'or soutenue par deux anges au naturel. *Ils tiennent dans chaque main des clochettes d'un certain volume qu'ils agitent en cadence.*

Ils sont suivis à quelque distance par un groupe nombreux de joueurs de violons sonnant de leurs instruments et dirigés par Charles Turgot.

Nous apercevons ensuite une forêt de croix et de bannières ; ce sont les corporations diverses et les ordres religieux qui défilent devant nous.

Puis retentit une sonnerie de trompettes et tous les acteurs qui doivent prendre part au jeu des mystères passent formant des groupes dont l'ensemble représente l'annonce de la venue du Messie, sa vie, sa passion et son triomphe sur l'enfer.

Voici d'abord les sibylles revêtues de longues robes, portant les livres contenant leurs prophéties et rappelant le « teste David cum Sibyllâ », puis les prophètes et saint Jean le précurseur de Jésus.

Voilà un groupe rappelant la Nativité composé des rois mages et des bergers, et un autre rappelant la vie publique de Jésus.

Puis voici venir Judas le traître, l'apôtre perfide qui livra son maître et le vendit pour trente deniers. Il est accompagné des prêtres de la synagogue et des anciens d'Israël.

Derrière, s'agite une légion de démons faisant escorte à celui qui est si digne de marcher à leur tête. Ils s'en vont dansant, tourbillonnant, grimaçant, en un mot devenus suppôts de Satan, par l'habit ; ils prennent leur rôle au sérieux, diables ils doivent être et diables ils sont.

A distance, marche Gervais Sémit précédant et ouvrant « le jeu du portement de la croix en l'hystoire de Notre-Seigneur ». Il sonne à pleins poumons de la trompette. Au milieu d'un cortège de soldats et de bourreaux apparaît alors, pliant sous le faix de sa croix, le Sauveur revêtu d'une robe rouge bordée de jaune et la couronne d'épines sur la tête.

La croix de saint Germain, portée par un prêtre en dalmatique, vient ensuite suivie d'une foule énorme de prêtres. Ils marchent sur deux rangs, un cierge allumé à la main, revêtus de surplis et de chapes. Au milieu d'eux s'avancent les chantres, maître Guytonnière à leur tête ; de jeunes enfants jettent des fleurs et un thuriféraire balance l'urne embaumée. Le maire et les échevins portent le poêle qui couvre le Saint-Sacrement de ses draperies d'azur et d'or.

La foule tout entière s'agenouille et se prosterne dans un immense recueillement et, au milieu d'un profond silence, pendant que le cortège s'arrête et que les chants sacrés montent vers le ciel, la fumée de l'encens s'élève lentement au milieu des roses effeuillées...

On porte aux quatre coins du dais des cierges aux armes de la confrérie et à sa suite les douze apôtres marchent pieds nus, un à un, couverts de robes couleur de cendre et portant les instruments de leur martyre. On les distingue à des écriteaux indiquant le nom des personnages qu'ils représentent.

Nous apercevons enfin le gouverneur et le lieutenant du roi, le bailliage, la vicomté, puis de nombreux fidèles de tout âge et de toute condition s'avançant pêle-mêle.

La procession se dirige vers l'antique sanctuaire de Notre-Dame-de-la-Place pour s'acheminer ensuite *vers le monastère des Dames de Sainte-Claire et retourner à Saint-Germain.*

Laissons-la suivre son parcours et, puisque nous devons assister à la représentation des mystères qui dure fort longtemps, le plus sage est d'entrer, nous aussi, à la Croix-Blanche, où les dangereuses rencontres ne sont pas à craindre.

M. du Motey, se demandant ensuite sur quelle place d'Argentan furent, au xvie siècle, représentés les mystères, conclut :

Reste la place incontestablement la plus ancienne d'Argentan, à proximité de la tour de la Chaussée, qui servait de maison de ville, et où s'élève encore une maison à porche antique, c'est la place de la Grande-Croix, aujourd'hui place Henri-IV. Par sa situation en amphithéâtre, elle se prêtait on ne peut mieux à des représentations scéniques, c'est là, nous ne saurions en douter, que les mystères ont été joués.

Il nous est facile de reconstituer le théâtre qu'on y élevait au moyen de documents qui concernent, il est vrai, d'autres villes, mais ces documents établissent un usage ordinaire et traditionnel auquel on se conformait nécessairement à Argentan.

Le théâtre se composait de plusieurs établis d'inégale hauteur représentant trois régions différentes : le paradis, la terre et l'enfer. Le paradis était représenté par l'échafaud le plus élevé en forme de trône où siégeait Dieu le père. L'enfer occupait l'endroit le plus bas, il était fait « en manière d'une grande gueule se cloant et ouvrant quand besoin était pour laisser sortir les démons ».

Quant à la terre placée entre le ciel et l'enfer elle se divisait en compartiments, dont des écriteaux indiquaient la destination, les uns représentaient les maisons, d'autres des villes et des contrées. C'était, comme on voit, d'une simplicité fort primitive. Du reste, de coulisses point ; après avoir joué leur rôle, les acteurs s'asseyaient côte à côte sur des bancs placés de chaque côté du théâtre.

Le caractère des principaux personnages était indiqué de la plus singulière des façons : la foi, par exemple, était représentée avec une lanterne et douze fenêtres figurant douze articles de foi ; la contrition, avec un mortier et un pilon à deux têtes. Ajoutons que les acteurs jouaient parfois avec un zèle dangereux qui les portait à imiter la nature du plus près possible. Une ancienne chronique nous donne de ce zèle un exemple curieux : « Dans un jeu de la passion, fut Dieu un sire appelé Nicole, lequel fut presque mort en la croix pour parfaire le personnage du crucifiement ». Quant à Judas, pris sans doute d'un dangereux désir d'imitation « il fut presque mort en pendant, car le cœur lui faillit et fut hâtivement dépendu ».

Nous sommes persuadé que sires Bouglier et Goupil ne poussèrent pas l'amour de leur rôle jusqu'à en oublier celui de l'existence.

CHAPITRE VII

XVIIᵉ Siècle

Le seigneur de Vendôme ne put garantir Argentan des calamités que nous prodigua une nouvelle guerre civile :

En 1649, les princes, peu satisfaits de la régence de la mère de Louis XIV, se soulevèrent contre elle. Guillaume Rouxel, comte de Marey, frère du comte de Grancey, gouverneur d'Argentan, vint dans cette localité de la part de la reine régente, afin de s'assurer de la fidélité des habitants.

Il y était encore lorsque Pierre de Rosevignen, seigneur de Chamboy, lieutenant-général du duc de Longueville, gouverneur de la province, y entra le 11 février 1649 avec ses troupes. Marey prit la fuite pendant la nuit.

Le 20 mars, de Longueville et de Rosevignen s'étant retirés d'Argentan avec leurs soldats, Marey y revint avec les siens. Les habitants s'étaient promis de s'opposer à son entrée, mais des intelligences qu'il avait dans la place la lui ouvrirent. Il y multiplia les vexations et les mauvais traitements. Il exigea des habitants une contribution journalière de cinq cents écus en les menaçant du pillage.

Cette guerre civile, nommée « guerre du bien-public », fut une des plus néfastes pour la ville d'Argentan ; elle lui coûta plus de cent mille francs.

Enfin, M. de Chamboy vint signifier à Marey des ordres de la Cour qui l'obligèrent à se retirer avec ses gens.

Marey fut destitué de son commandement et ses biens confisqués. Les bourgeois d'Argentan associèrent, dans leur reconnaissance, le nom de leur protecteur à celui du souverain. Le dicton populaire : « Vive le roi et M. de Chamboy ! » en rappelle le souvenir.

Louis de Mercœur, cardinal de Vendôme, succéda, dans le domaine d'Argentan, à César, son père, mort en 1665. Il le laissa, par sa mort, en 1669, à Louis Joseph, dit le grand Vendôme. De ce dernier, il passa à Marie-Anne de Bourbon-Condé, sa veuve, puis par donation, en 1712, à Louise-Bénédictine de Bourbon-Condé, sœur de Marie, qui mourut en 1718. Louise-Bénédictine était alors mariée à Louis-Auguste de Bourbon du Maine, prince légitimé, fils de Louis XIV ; le domaine passa dans cette maison.

Ce fut au XVIIe siècle qu'Argentan commença à perdre sa physionomie pittoresque de place forte et à devenir peu à peu la ville que nous voyons aujourd'hui.

Les habitants d'Argentan, craignant, pendant la minorité de Louis XIII, de nouveaux combats dans leur ville, sollicitèrent de la reine-mère, Marie de Médicis, l'autorisation de démolir le donjon.

M. Guillochim, dans sa notice sur le donjon d'Argentan, dit à ce sujet :

Les bourgeois d'Argentan, on peut bien le penser, n'apprécièrent que très médiocrement le privilège d'habiter une ville fortifiée.

Indépendamment des sièges qu'il leur fallait soutenir et qui avaient maintes fois occasionné le pillage de la ville, ils étaient tenus, à défaut de garnison, d'assurer, par leurs propres moyens, la garde du donjon, aussi méditèrent-ils sa ruine. En 1617, ils sollicitèrent du roi l'autorisation de l'abattre, exposant que les ennemis, s'ils s'en rendaient maîtres, pourraient tirer sur la ville que cette forteresse dominait. Ceci revenait à dire qu'ils estimaient sa présence plus nuisible qu'utile à leur sécurité.

Par lettres patentes du 28 février 1618, Louis XIII, faisant droit à la requête des habitants, en avisa Charles de Matignon, lieutenant-général de la Basse-Normandie, et députa Charles de Valois, comte d'Auvergne, pour procéder à la destruction du donjon; mais cette mesure suscita une résistance imprévue.

Lorsqu'il se présenta au mois de mars de la susdite année, l'envoyé du roi se vit refuser l'accès de la forteresse par Aumont, sieur de La Bourdonnière, auquel Pierre Rouxel, baron de Médavy, en avait confié la garde. Le comte d'Auvergne lui fit sommation d'avoir à le laisser entrer sous peine d'être pendu à la porte, dès le lendemain, s'il ne la lui ouvrait. Epouvanté par cette menace, le prudent La Bourdonnière ne crut pas devoir insister davantage et résolut de fuir. Au cours de la nuit, avec l'aide de sa femme, il descendit dans le fossé du donjon au moyen de draps noués ensemble et, de grand matin, la porte en fut ouverte.

Arrivés sur la plate forme, les gens du roi trouvèrent deux canons qu'on pensa pouvoir utiliser pour abattre les murailles. Celles-ci résistèrent à tous les projectiles et le comte d'Auvergne dut recourir à un autre expédient.

Il fit saper la base du donjon et remplacer les pierres, au fur et à mesure de leur arrachement, par des étais de bois enduits de poix et autres matières inflammables. Puis on entoura ceux-ci de fascines auxquelles on mit le feu et quand les étais furent consumés, la moitié du donjon, suspendue dans le vide, tomba d'elle-même entraînée par son poids. Trois manœuvres qui avaient refusé de s'écarter, ne croyant pas à cette chute soudaine, furent ensevelis sous les décombres.

Le mortier avait contracté une solidité si grande, sa dureté était telle qu'il faisait corps avec la pierre et que les murs en tombant, au lieu de se désagréger, se divisèrent en trois pans seulement. Pendant 25 ou 30 ans, cet amas énorme que l'on appelait « la masse du donjon » resta sur place, tant il était difficile, nous dit un auteur local, « de détacher les pierres de taille for-« mant le parement et le blocage coulé qui constituait « la large épaisseur des murailles ».

En raison du prix demandé pour l'enlèvement de ces démolitions, elles furent cédées gratuitement à la fabrique de Saint-Germain par la ville, qui lui était redevable d'une assez grosse somme. La fabrique, reculant à son tour devant la dépense, abandonna les matériaux à qui voudrait les prendre. On en retira beaucoup de pierres appartenant à un monument plus vieux que le donjon et revêtues de caractères gothiques. Aucune n'a malheureusement été conservée et nous n'en possédons pas la moindre description.

Les lignes suivantes sont extraites du *Manuscrit de Colleville* :

On trouva dans ses ruines quantité d'inscriptions gothiques anciens débris d'édifices qui avaient existé dans cette ville avant la bâtisse de cette forteresse qui remonte au commencement du XIIe siècle et que l'on avait employés à la construction moderne. Dans le même temps, le comte d'Auvergne fit également abattre le rempart et les tours qui partageaient le donjon de la ville et combler le fossé ; il ne resta plus que la clôture d'enceinte avec ses portes et tours qui entouraient le cœur de la ville et l'emplacement du château.

(Page 12.)

En 1634, Louis XIII fit don des places vagues qu'occupaient les fossés et murailles du donjon à Luc Viel, seigneur du Theil, en récompense de ses bons services. Les places vagues, ainsi données, furent vendues par Viel à différents particuliers et couvertes ensuite de jardins et de maisons.

En 1653, la *tour de la Reine*, qui se trouvait, comme nous l'avons dit, à l'angle du boulevard Mézeray et de la rue du Beigle, tomba d'elle-même dans les fossés. Les deux tours des fontaines du Beigle furent détruites en 1680 sur l'ordre de Pierre Rouxel de Médavy dans le but d'agrandir les jardins du château.

En 1675, M. de Barlemont, procureur du roi, acquit une maison située près de l'Audience, en face de la venelle Cabot. Cet immeuble, qui est aujourd'hui l'Hôtel de la Sous-Préfecture, ne possédait pas de jardins ; M. de Barlemont s'en fit un en détruisant une partie de la vieille enceinte et en prenant toute la largeur du fossé dont il ferma les deux extrémités par un mur solide. Cette transformation eut l'inconvénient d'inonder, après chaque pluie abondante, les rues Chantereine et des Fossés (rue du Point-du-Jour) ainsi que tous les jardins du voisinage. On y remédia en modifiant le pavage de plusieurs rues.

Le lieutenant du bailly, dont la demeure se trouvait près de la porte Saint-Martin, imita le procureur du roi, il s'en suivit de nouvelles inondations qui dégradèrent les portes Saint-Martin et de la Chaussée.

C'est ainsi que les choses publiques se destruisent pour la consolation des particuliers qui ont de l'autorité... Il n'y avait rien de si gentil en sa petitesse que l'enclos de nostre ville, rien de plus magnifique que le chasteau et le donjon lorsque MM. les ducs d'Alençon et même la sainte dame fondatrice de Sainte-Claire les habitaient. Le desplaisir d'avoir vu destruire ce qui en restait d'un peu considérable m'a donné lieu de penser aux lamentations de Jérémie. Je regrette bien aussi la destruction et la pollution de la plus belle chapelle de la province — la chapelle Saint-Nicolas — qui a servi de retraite à toutes les incommodités du château.

(Manuscrit de Thomas Prouverre.)

Au XVIIe siècle et pour des raisons diverses, Argentan subit d'autres modifications ; nous ne parlerons que des plus intéressantes :

PLACE MAHÉ

Le père Mahé, prieur des Jacobins, fit, de 1660 à 1662, remplir, du côté de son couvent, les fossés du château ; ce travail, effectué dans le but de rendre plus facile l'accès du monastère et de doter celui-ci d'une avant-cour, fut exécuté par les pauvres de la ville. Ce religieux a donné son nom à la place Mahé.

COURS

Nous avons dit que le boulevard Mézeray occupe l'emplacement des anciens fossés compris entre la *porte des Bouteilles* et la rue du Beigle. De 1679 à 1682, Pierre Rouxel, gouverneur de la ville, fit effectuer d'importants travaux dans cette voie qui se nommait alors *le Cours* et qui devint, grâce à lui, une agréable promenade.

L'extrémité touchant à la rue du Beigle était élevée en terrasse de six pieds de hauteur et soutenue par des murailles avec parapets. L'extrémité opposée, vers le couvent des Jacobins, était plus basse et garnie de murs destinés à maintenir les terres. Toute l'aire intérieure était sablée. Une large allée régnait d'un bout à l'autre accompagnée parallèlement de deux contre-allées plantées d'ormeaux et de tilleuls, ces arbres produisaient le plus agréable effet et donnaient un charmant couvert pendant la belle saison. Il y avait des bancs pour le public et des tourniquets placés aux deux extrémités ne permettaient qu'aux piétons l'accès de cette promenade.

Cependant, l'abbé de Courteilles se plaignait, en 1690, de l'abandon de la promenade du Cours par les habitants de la ville, car, disait-il, cet abandon « était une occasion aux sottises de la jeunesse qui n'avait pas toute la retenue possible pour s'y bien comporter. »

GRAND-CARREFOUR

Au XVIIe siècle, les criminels étaient pendus sur la *place du Grand-Carrefour*, aujourd'hui place Henri-IV. En 1665, l'un des chapelains de l'église Saint-Germain fit dresser sur cette place (1), au moyen de quêtes, une croix destinée à être un objet de piété pour les condamnés à la pendaison et un avertissement pour les libertins et les fainéants qui se donnaient journellement rendez-vous en cet endroit (2).

Jusqu'en 1740, le marché se tint autour de ce calvaire, il fut ensuite transféré où nous le voyons aujourd'hui. La *place du Grand-Carrefour* s'appelait aussi *la Grand'Croix*. Deux puits s'y trouvaient, l'un devant les porches encore existants, l'autre dans la partie la plus basse.

En 1672, un apprenti bourreau pendit, sur la *place du Grand-Carrefour*, une femme qui avait étouffé son enfant. Au moment où l'on se disposait à la mettre en terre, elle poussa un long soupir. Des gens la portèrent dans une maison voisine où elle acheva de reprendre connaissance. Son repentir et sa bonne conduite lui valurent d'y rester comme servante.

L'échevin, ayant entendu parler de l'événement, refusa de payer le bourreau, « l'ouvrage n'ayant pas été bien fait » : « Qu'à cela ne tienne, déclara celui-ci,

_____

(1) « Un ecclésiastique, Mary de la Croix, fit ériger une croix au centre du Grand-Carrefour où se trouvait un puits qui fut comblé », dit l'abbé Laurent, dans son *Histoire de Saint-Germain,* page 290.

(2) D'après les plans Bouglier-Desfontaines, ce calvaire fut édifié dans la partie haute de la place.

je vais la rependre ! ». On empêcha le tortionnaire
d'exécuter son dessein et cette tragi-comédie finit
par de nombreuses complaintes, qui, au dire de
Thomas Prouverre, se vendirent pendant longtemps.

PORTES ET FOSSÉS

*Vers la fin du XVIᵉ siècle, les fortifications des villes
de l'intérieur de la Normandie, devenues pour ainsi
dire sans utilité depuis la réunion de la province à
la couronne de France, furent négligées ; les rois en
abandonnèrent l'entretien aux villes, aux dépens de
leurs octrois. En 1670, Argentan dépensa 5.000 francs
pour réparer une partie de ce qui restait ; et, par arrêt
du conseil, du 13 février 1691, les habitants furent
obligés à la continuation de ces réparations. Les dépenses augmentant successivement, ces mêmes habitants sollicitèrent, à plusieurs reprises, l'autorisation
de les détruire.*

(Histoire d'Argentan, de J.-A. Germain, page 139.)

*Jacques Rouxel, comte de Grancey, maréchal de
France, gouverneur d'Argentan, a le plus contribué à
la destruction des tours et remparts de l'enceinte de
la ville ; dans l'année 1653, il voulut faire abattre
la tour de l'Horloge ; Charles-Eudes Mézeray, chirurgien, bourgeois d'Argentan, s'y opposa vivement.
Dans une assemblée convoquée pour cet effet, il répondit à ce gouverneur, qui demandait à connaître l'individu qui ne craignait pas de s'opposer à sa volonté :
« Nous sommes trois frères, adorateurs de la vérité ;
le premier la prêche, le second l'écrit, et moi je la sou-*

tiens jusqu'à mon dernier soupir ». Ce trait est rap-
porté dans la vie de Mézeray, historiographe de France,
son frère. Il empêcha la démolition de ce beau monu-
ment.

(Même ouvrage, page 141.)

Jacques de Rouxel de Médavy, maréchal de France
et gouverneur d'Argentan, est accusé par les historiens
d'avoir le plus contribué à accélérer la ruine de l'en-
ceinte de cette ville et on reproche à sa mémoire qu'il
savait utilement pour lui se débarrasser des matériaux.

(Manuscrit de Colleville, page 14.)

Vers 1615, la *porte d'Or*, la *porte Saint-Martin*
et la *porte de la Chaussée* étaient garanties extérieu-
rement par des corps-de-garde et par un fossé large
et profond. Derrière ces premiers éléments de défense se trouvait une grosse tour percée d'une étroite
porte d'entrée et défendue par une herse que
l'on baissait en cas de besoin.

Le donjon était entouré de fossés qui se continuaient par la *porte d'Or* jusqu'à la *porte Saint-
Martin ;* ces fossés, dominés par de hautes murailles et garnis de quatre tours dont la plus
belle, la *tour Marguerite*, est seule demeurée,
étaient toujours à sec. Quant aux fossés qui passaient
devant la *porte Saint-Martin*, la *porte de la Chaussée*
et la partie basse du Cours, ils étaient toujours
remplis d'eau.

En 1648, sur les conseils d'un capucin de Caen,
le père Grégoire, les échevins d'Argentan firent
placer à l'extérieur et au-dessus des portes *Saint-
Jean*, des *Bouteilles*, de *la Chaussée*, de *Saint-Martin* -

et de *Saint-Germain* (*porte d'Or*) des statues de la Vierge qui furent entretenues pendant longtemps par les cotisations que recueillaient, dans ce but, les plus proches voisins des portes. Au début, les enfants allaient chaque soir chanter les litanies de la Vierge au pied de ces statues. Cette ferveur dura cinq ou six ans, sauf à la *porte d'Or* au pied de laquelle les enfants les chantaient encore en 1674.

La statue de Notre-Dame-de-Pitié décorait la *porte Saint-Martin*. En 1793, elle fut cachée dans une des maisons contiguës à l'église Saint-Germain. Elle y est restée jusqu'en 1875, placée sur un pilier et habilement dissimulée dans la muraille. Elle appartient aujourd'hui à l'église Saint-Germain. Une inscription rappelle, rue Saint-Martin, la place occupée autrefois par cette statue.

La Vierge de la *porte d'Or*, est, croit-on, celle qui se trouve dans l'église Saint-Germain, chapelle Saint-Mansuet, fixée au pilier dans lequel est pratiqué l'escalier du petit clocher, on lit aux pieds de cette Vierge : « Notre-Dame-du-Repos ».

La Vierge de la *porte de la Chaussée* existe toujours. Elle fut cachée pendant la Révolution et retrouvée dans un tonneau. C'est elle que l'on voit, rue de la Chaussée, dans la façade du n° 73. Une inscription latine surmonte la niche, en voici la traduction :

Jadis, ici, existait une tour qui est tombée en ruine ; mais sa force est demeurée tout entière. Habitant de cette cité, éloigne tes craintes, car cette statue te protègera et sera pour toi une autre tour. Année 1648.

La tour de la *porte de la Chaussée* occupait l'emplacement des maisons nos 73 et 80 (habitées actuellement par MM. Deverre et Orgeval) dans la rue de ce nom.

Au xviie siècle, les délibérations des officiers, échevins et conseillers avaient lieu dans cette tour.

Au sujet de la *porte des Bouteilles*, M. Eugène Vimont écrit dans son *Vieil Argentan* :

Sous l'ancien régime, les nobles et les gens pourvus de certains offices honorifiques payés à beaux deniers comptants, étaient exempts de droits d'octroi.

Vers 1685, le sieur de la Chaire Ango, ayant acheté un office de secrétaire de la Maison et couronne de France avec les privilèges attachés à ces fonctions, eut l'idée de vendre au débit des cidres et poirés. Comme le sieur Ango n'avait aucun impôt à payer sur ces boissons, il put céder ses liquides aux acheteurs à des prix si bas qu'ils défiaient toute concurrence de la part des autres cabaretiers. Tout le faubourg de la Noë vint s'approvisionner chez le secrétaire de la Maison de France et il passa tant de bouteilles par la porte du haut du Cours que le nom de porte des Bouteilles lui en est demeuré.

(Page 55.)

EGLISE SAINT-GERMAIN

La grosse tour fut achevée en 1638, les gouverneurs de la ville refusèrent jusqu'en 1617 de la laisser terminer parce qu'elle dominait le donjon.

Une crevasse s'étant produite, lors de son achèvement, on fut obligé d'ajouter une arcade supplémentaire.

Vers 1638, cette tour servit de poste d'observation ; un guetteur s'y tenait en permanence.

En 1664, toutes les cloches de Saint-Germain furent refondues. Il y avait alors dans la vieille tour trois cloches « fort discordantes par leur différence de grosseur » et dont la plus grosse était cassée depuis deux ans. Cette dernière était la « cloche des Bourgeois », elle sonnait toutes les affaires de la ville. La seconde était la « cloche des Prêtres », la troisième la « cloche de la Charité ».

Le zèle des particuliers pour la décoration de cette église fut partagé par plusieurs corporations d'arts et métiers.

La chaire se trouvait autrefois à gauche de la balustrade qui séparait le chœur de la nef. En 1620, la chaire actuelle fut installée où nous la voyons aujourd'hui. L'ancienne fut conservée pendant un certain temps, elle servit pour le prône et les lectures usuelles. En outre, il y avait dans la chapelle Sainte-Anne une autre chaire placée en regard de l'autel. Elle ne fut supprimée que vers 1600. C'est, dit-on, dans celle-ci que Théodore de Bèze harangua la foule pendant son séjour à Argentan (1).

A l'époque où la « chaire à prêcher » était attenante à la balustrade du chœur, la porte ouverte dans la chapelle Sainte-Anne « étant de nature à incommoder le prédicateur et l'assistance » fut murée et le portail de cette chapelle fieffé à un commerçant ; celui-ci s'empressa d'y faire construire une boutique qui ne disparut que 150 ans plus tard Une autre porte, appelée « le guichet », avait été pra-

____

(1) Manuscrit Lautour-Montfort.

tiquée à la suite de la chapelle des frères de la charité pour remplacer l'entrée supprimée.

En 1604, cinq petites boutiques furent construites par le Trésor sur l'emplacement du *cimetière ès-mêlés* et prirent le nom de *Maisons du Trésor* (1).

L'orgue, qui, ainsi que nous l'avons dit, existait dès 1410, n'était pas le seul instrument de musique utilisé à Saint-Germain. Divers documents de l'époque nous apprennent, en effet, qu'en 1643, les administrateurs de cette église envoyèrent à Rouen un prêtre pour étudier « le jeu du serpent » et, l'année suivante, un enfant de chœur pour apprendre à jouer du « cornet à bouquin ».

Au cours des XVI⁰ et XVII⁰ siècles, la grosse cloche de Saint-Germain fut plusieurs fois cassée et refondue. La refonte s'effectuait dans le cimetière attenant à l'église. Cependant, vers 1650, elle eut lieu deux fois dans l'église même, sous la voûte du grand clocher ; ce qui eut le grave inconvénient d'enfumer vitraux et piliers.

En 1648, l'église Saint-Germain était pauvre et fort mal entretenue. « On y pouvait à peine marcher, la plus grande partie étant sans pavés et les tombes de différentes hauteurs, sans aucun ordre ». On la repava entièrement à cette époque.

De nombreuses personnes y furent inhumées. Cet édifice renferme aussi plusieurs cœurs, dont l'un n'a pu être identifié. Il y a quelques années, en effet, lors des travaux de débadigeonnage, les ouvriers mirent à nu une boîte de plomb scellée dans la mu-

(1) Le plan Bouglier-Desfontaines, dressé en 1755, porte sept *Maisons du Trésor :* six à droite du petit portail et une à gauche.

11

raille. Elle renfermait, sans indication d'aucune sorte, un cœur humain, parfaitement reconnaissable. Ressoudée avec soin, la boîte fut replacée au même endroit. Une inscription rappelle le souvenir de cette découverte.

La tour du nord, la plus grosse, mesure cinquante-huit mètres sans la croix.

La tour centrale mesure environ quarante-quatre mètres sans la croix.

Dans sa plus grande largeur, l'église mesure soixante-dix mètres et dans sa plus petite trente-cinq mètres.

Elle est orientée, suivant la coutume immémoriale, du levant au couchant.

La plus grosse cloche du grand clocher est datée de 1854 et donne le si bémol. La seconde de 1815, donne le do. La troisième, de 1837, donne le ré.

L'unique cloche du petit clocher fut fondue en 1773.

Cette église a soixante-dix-sept fenêtres. Pendant longtemps la plupart furent bouchées avec de la paille, les vitraux étant d'un prix trop élevé.

Eglise Saint-Martin

En 1607, on travailla de nouveau à l'entier rétablissement de cette église. Les murs et la nef furent élevés, en 1631, à la hauteur qu'ils avaient avant l'incendie, tels que nous les voyons. Le clocher, dont on admire la solidité, quoique bâti sur pilotis ainsi que l'église, avait une plus grande élévation que maintenant, il fut réduit par une tempête qui renversa le haut de la flèche en 1701...

(Manuscrit de Colleville, page 49.)

L'église Saint-Martin est longue de quarante-quatre mètres soixante-six centimètres, elle forme la croix....

Dans l'année 1637, on y plaça un orgue...

L'entrée principale de l'église Saint-Martin est dans l'ancien cimetière de la paroisse.

(*Histoire d'Argentan*, de J.-A. Germain, page 271.)

Dans le XVIIᵉ siècle et précédemment la ville d'Argentan était divisée en quatre églises paroissiales, Saint-Germain, Saint-Martin-des-Prés, Saint-Martin-des-Champs et Notre-Dame de Coulandon.

(Même ouvrage, page 255.)

Le 3 avril 1656, il fut arrêté qu'une personne se tiendrait à la porte du cimetière de l'église Saint-Martin, avec un plat, pour recueillir les oblations vulgairement appelées « le droit au malade » ou « denier au ladre ».

Anciennement, on avait coutume de faire la procession le jour Saint-Marc en la chapelle de la Maladrerie, auquel lieu le chapelain d'icelle recevait les oblations.

Mais parce que ladite chapelle était éloignée de cette ville, ladite procession se faisait en l'église Notre-Dame-de-la-Place ; ladite chapelle Notre-Dame ayant été donnée à la Dame abbesse d'Almenesches, ladite procession a été transférée en l'église Saint-Martin ou ledit chapelain reçoit les oblations.

(Archives de l'Hôtel-Dieu d'Argentan.)

SAINT-JEAN ET SAINT-JACQUES

La chapelle Saint-Jean est rebâtie en 1631.

L'église de l'hôpital Saint-Jacques, tombée en ruine, est réédifiée en 1636. En 1667, l'hôpital est supprimé et l'emplacement vendu par parties, l'église, seule, reste debout, mais, après avoir servi de magasin à fourrages, elle disparaît à son tour.

RUES ET MAISONS

Vers 1640, la rue de la Chaussée fut rehaussée de quatre pieds pour empêcher les trop fréquents débordements des eaux de la rivière.

En 1680, la rue du Foin était connue sous le nom de *Venelle des Capucins* ou *des Clercs*.

Partant de l'ancien champ de foire aux chevaux, c'est-à-dire de la place Mahé, la rue du Patis s'étendait, en 1680, à travers des herbages jusqu'à la barrière du tarif, placée à l'extrémité de l'enclos des Jacobins. C'était plutôt un chemin qu'une rue qui allait directement à la carrière du Patis pour se confondre ensuite avec la route du pont de Fligny.

La rue du Tripot et la venelle des Petits-Champs reliaient le Patis à la Noë.

L'immeuble situé place Henri-IV n° 2 et qui servit de mairie pendant la Révolution date de 1623.

La maison qui occupait l'emplacement du n° 43 de la rue de la Chaussée et qui appartenait, en 1676, à Michel Philippe, fut hypothéquée par le célèbre historiographe Mézeray qui la fit vendre ensuite

Une maison qui se trouve rue de l'Orne n° 4 (et qui

est actuellement habitée par Mme Petit), date de
1600.

En 1683, un violent incendie détruisit, en partie,
la taverne *Le Point du Jour* qui devint plus tard
l'*Hôtel de Normandie*.

Cette taverne était construite près des fossés qui
tendaient de la porte de la Chaussée à Notre-Dame-
de-la-Place.

La taverne du Point du Jour a donné son nom aux
rues des Fossés et Chantereine. La rue du Point
du Jour s'appela aussi *rue de la Sausaye*.

Un hôtel dit *du Dauphin* existait à Argentan dès
1614, un autre appelé l'*hostel de la Petite-Harpe* dès
1646.

Autrefois, dans la partie haute de la rue du Vicomte,
devant le grand portail de l'église Saint-Germain, se
voyait un puits qui était commun à tous les habitants du quartier. Il fut comblé en 1660 et remplacé,
la même année, par un autre puits creusé à la porte
du cimetière pour l'usage de l'église et des voisins.
Ce dernier existe encore dans la rue Saint-Germain,
il a conservé le nom de *puits du Trésor*.

Au XVIIe siècle, la rue qui allait de la *porte-d'Or*
à la *place de la Grand'Croix* fut appelée *rue Saint-
Germain*.

La *rue du Pont-Saint-Germain* occupait l'espace
compris entre la porte d'Or et l'angle de la rue de
la Poterie.

ECLAIRAGE PUBLIC

En 1697, Louis XIV ayant ordonné l'établissement de lanternes publiques dans la ville d'Argentan,
une réunion des officiers et habitants fut décidée et

annoncée, selon l'usage, au prône et dans les rues principales. Elle eut lieu au pied de la croix de la rue du Grand-Carrefour.

Bien que le roi s'engageât à payer les premières dépenses, la ville s'opposa à l'établissement d'un nouvel impôt, préférant se passer de lanternes.

Nous extrayons ce passage de la délibération, il montre ce qu'était Argentan au XVIIe siècle :

La ville ne recevra aucune utilité de l'établissement des lanternes, parce que toutes les rues en sont fort spacieuses, les maisons peu exhaussées, presque toutes d'un seul étage, qu'il n'y passe des étrangers qu'à l'époque de la Guibray, temps auquel les lanternes ne sont pas nécessaires ; que la plus grande partie des habitants se retire dans les maisons dès 5 à 6 heures du soir en hiver et dès 8 à 9 heures en été ; que la taille s'y levant par tarif, la retraite sonne tous les soirs à neuf heures, à laquelle heure les portes de la ville sont fermées ; que tous les faubourgs ne sont remplis que de tanneurs, de menuisiers, de savetiers, de tisserands qui travaillent le soir chez eux, et de pauvres journaliers qui se retirent dès qu'il est nuit.

Les habitants insistèrent avec énergie afin de ne rien payer pour l'éclairage en alléguant que douze à quinze lanternes seraient suffisantes. Ils obtinrent gain de cause.

BÉNÉDICTINES

En 1623, Marie-Louise Rouxel de Médavy, abbesse d'Alménesches, présenta une requête aux bourgeois d'Argentan en vue d'obtenir la chapelle Notre-Dame-de-la-Place, s'engageant, si on la lui accordait, à construire un monastère de Bénédictines auprès de cette chapelle.

La proposition fut favorablement accueillie par le Corps-de-Ville et le prieuré ne tarda pas à être édifié.

L'église Notre-Dame et le cimetière étant cédés, Louise de Rouxel bâtit et fonda le couvent de Notre-Dame-de-la-Place, sous le titre de prieuré.....

Louise de Rouxel finit ses jours à Notre-Dame et fut inhumée dans le cimetière de cette communauté en 1652......

Des incendies et un défaut d'économie réduisirent ce prieuré à ne pouvoir se soutenir. Il fut abandonné. Les Jésuites y établirent un collège.

(*Histoire d'Argentan*, de J.-A. Germain, page 276.)

CAPUCINS

Au commencement du XVIIᵉ *siècle, les Jésuites et les Capucins sollicitèrent un établissement dans la ville d'Argentan ; les premiers désiraient y fonder un collège pour l'instruction publique. Cet établissement avantageux pour la ville ne fut point adopté par les principaux habitants, dit un écrivain de ce siècle, pour priver le peuple de l'occasion de s'instruire et l'empêcher de les égaler en sciences, eux ou les leurs. Les vues du bien public, comme toujours, cédèrent à l'ambition qui donna la préférence aux Capucins. Favorisés par ce choix et appuyés par Christophe Mahot, curé de la ville, ils présentèrent en 1620 une requête au corps municipal pour leur admission.*

Elle fut agréée et la ville leur fit don de deux acres et demi de terrain, situés derrière la rue de la Planchette, pour y fonder leur monastère.

(Manuscrit de Colleville, page 100.)

Ce terrain était situé dans la « Grande Cousture du Paty ».

Les Capucins étaient de l'ordre réformé de Saint-François, le plus rigide de tous les ordres mendiants ; ils portaient la barbe longue, marchaient jambes et pieds nus, chaussés seulement de sandales découvertes ; n'étaient vêtus que d'étoffe brune et grossière, avec une courroie de cuir pour ceinture ; ne pouvaient individuellement posséder quoi que ce soit en propre. La croix placée sur leur autel, et portée en tête de leurs processions, était de bois brun tout uni, sans aucun ornement.

(Histoire d'Argentan, de Germain, page 288.)

Le collège actuel occupe les anciens bâtiments des Capucins.

Il est encore plusieurs faits qui méritent une mention particulière ; nous terminerons ce chapitre en leur consacrant quelques lignes.

Confrérie des Prêtres

Nous avons vu que cette confrérie représentait les *mystères* le jour de la *Fête de la Convention* et que cette cérémonie, qui attirait au XVe siècle une affluence considérable, avait peu à peu disparu.

Néanmoins, après la suppression de ces spectacles religieux, des musiciens précédaient le cortège de la « Convention » avec des hautbois et douze hommes vêtus comme les apôtres de Jésus et portant à la main les instruments de leur martyre suivaient le dais « pieds nus et sur une seule ligne ». Vers 1650, la tenue de ces figurants laissant fort à désirer, le curé d'Argentan leur refusa l'entrée des églises paroissiales et les religieuses de Sainte-Claire suivirent son exemple.

Ces anciennes coutumes furent alors abandonnées.

LA PESTE REPARAIT A ARGENTAN

Un étranger, venant de Caen et qui descendit à l'auberge des *Trois Sauciers*, l'apporta avec lui en 1638. Les progrès en furent si rapides que de janvier à novembre elle fit mourir plus de deux mille habitants à l'hôpital Saint-Roch.

Les détails qui suivent sont extraits du manuscrit de Thomas Prouverre, sieur de Bordeaux, apothicaire à Argentan, rue Saint-Thomas, et témoin oculaire des faits qu'il raconte :

La maladie fut apportée par un étranger, venant de Caen, qui descendit à l'auberge des Trois-Sauciers, vis-à-vis de la grande porte du cimetière de Saint-Martin.

C'était vers la fin du mois de mai 1638. La fille de la maison en mourut le troisième jour. Plus de 50 personnes dans le faubourg succombèrent durant la première quinzaine de juin. Il y eut plus de 2.000 vic-

times par toute la ville, depuis cette époque jusqu'à la
mi-novembre. C'était la moitié de la population.
L'herbe couvrait le pavé des rues et l'on n'y remarquait
que le médecin, allant visiter les malades et portant
lui-même ses remèdes ; ou bien le tombereau qui venait
chercher les morts.....

Pendant ce temps, on ne fit ni pain bénit ni quête,
n'étant demeuré dans la ville aucune personne considérable que Messire Christophe Mahot, très vigilant
et charitable pasteur, Messire Louis Ango, contrôleur
des élus, qui se joignit à Jean Prouverre, maître administrateur de la Maison-Dieu, et à dame Barbe Ango,
femme dudit Prouverre, pour secourir et faire subsister
tous ceux que frappait la contagion. Demeurés dans
ladite Maison-Dieu, ils firent porter les malades à
l'hôpital de Saint-Roch et dresser dans la campagne
quantité de loges et de tonneaux pour abriter les fugitifs. Et tous les jours, par une des fenêtres de la Maison-
Dieu qui donne sur les champs, le sieur Ango leur
fournissait toutes les choses nécessaires, pain, viande,
boires, au moyen d'une corbeille qu'il descendait lui-
même avec une poulie...

Un jour que je crus avoir tous les accidents qui
précèdent la peste, je me servis de six onces d'eau de
charbon bénit, six grains de bisoard et une once de
sirop de citron. Puis, m'étant promené un peu violem-
ment, je me couchai bien chaudement, et, après avoir
sué trois quarts d'heure, je changeai de linge et me levai
gaillard pour souper. Toujours depuis, je me suis bien
porté, bien que tous les jours, durant cette campagne,
j'aie vu des gens, en notre boutique, que l'on nous
disait trois ou quatre heures après être morts...

(Manuscrit Thomas Prouverre.)

La désolation fut telle que les officiers de justice et habitants opulents abandonnèrent leurs maisons et se retirèrent dans leurs campagnes. Le peuple resté à la ville fut réduit à une grande misère et prêt à entrer dans les maisons abandonnées pour se procurer des secours...

La ville déserte par le nombre des morts et des fugitifs n'offrait plus que l'aspect d'une affreuse solitude, ses rues étaient converties en prairies.

Dès le commencement de cette contagion, les habitants avaient évacué le cœur de la ville, la peste poursuivit les victimes dans les faubourgs où un grand nombre de malheureux périrent sans secours. Thomas Prouverre, qui a laissé des mémoires sur cette contagion, demeura seul d'apothicaire dans la ville ; il fut aidé dans les secours qu'il donna généreusement à ses compatriotes par Charles Eudes, frère de l'historien Mézeray, élève en chirurgie qui servait à l'Hôtel-Dieu...

On voit par les dénombrements du XVe *siècle que la population d'Argentan était bien supérieure à celle du temps présent où les pertes occasionnées par la peste ne sont pas encore réparées.*

(Manuscrit de Colleville, page 119.)

TREMBLEMENTS DE TERRE DE 1640 ET DE 1664

Thomas Prouverre raconte que le vendredi 6 juillet 1640, à 10 h. ½ du soir, il y eut à Argentan une secousse bien sensible de tremblement de terre. Dans la chambre de l'administrateur de l'hospice, un encrier, placé au milieu d'une table, fut lancé sur le sol. Chez les dames de Sainte-Claire, « quantité de vaisselle, des casseroles et des chaudrons tombèrent sur le pavé de la cuisine ». Beaucoup de dormeurs furent réveillés en sursaut. Mais il n'y eut aucun accident sérieux.

Un autre tremblement de terre (on disait autrefois tremble-terre) se produisit dans Argentan le 1er mai 1664, à 6 heures du matin. Le bruit fut pareil à celui « d'un fort carrosse roulant sur le pavé de la rue».

HIVERS DE 1659 ET 1683

Les hivers de 1659 et 1683 furent, à Argentan, particulièrement rigoureux. Les renseignements qui suivent sont extraits du manuscrit de Thomas Prouverre :

Vers le 15 novembre 1659, il commença à geler très fort. Puis il neigea abondamment le 1er décembre et les huit jours suivants ; les neiges atteignirent une telle hauteur et le froid fut si vif que la terre demeura couverte partout jusqu'au mois de mars. Plusieurs hommes se perdirent dans les neiges et moururent ensevelis sous d'énormes tas. Les gens du peuple, les ouvriers, demeurèrent sans pouvoir travailler et ils se trouvèrent réduits à une telle misère que beaucoup furent obligés de vendre leur pauvre mobilier pour avoir de quoi se nourrir.

Le 8 décembre 1683, survint un froid extrêmement rude et glacial, lequel dura une quinzaine de jours. Les jours des fêtes de Noël devinrent plus doux et les gens de la ville purent aller entendre la messe de minuit. Mais à la Saint-Jean, la gelée recommença avec plus de force et continua durant six semaines. Le vin se congela partout dans les caves, les fruits devinrent durs comme la pierre et il fallait fendre le pain à coups de hache. Nul artisan ne pouvait travailler, même celui qui s'occupait du fer. Les instruments se brisaient comme verre. La rivière fut gelée jusqu'au fond.

Mais ce qui fut encore plus terrible, ce fut le dégel. Les glaces furent si nombreuses et de si grande épaisseur qu'elles faillirent rompre les deux ponts de la Chaussée. La chaussée de Dorion fut tellement ruinée par la poussée irrésistible des glaces qu'il fallut beaucoup de peine et une grande dépense pour la rétablir.

Translation des reliques de Saint-Mansuet

En 1657, le Père Louis-François, capucin d'Argentan, de passage à Rome, obtint, d'un autre capucin, le corps de saint Mansuet qui avait été retrouvé dans les catacombes. Le Père Louis-François renferma ces reliques « dans une caisse de sapin bien close et scellée avec l'authentique en bonne forme » puis les expédia sur Rouen. Il les offrit ensuite à l'église Saint-Germain d'Argentan. Les marguilliers de cette église ayant accepté l'offre« avec bien de la joye et de la gratitude », le corps de saint Mansuet fut envoyé de Rouen à Alençon, puis d'Alençon chez les capucins d'Argentan où il resta jusqu'à sa translation à Saint-Germain, c'est-à-dire jusqu'en avril 1658. Avant de mettre le corps de saint Mansuet en dépôt chez les capucins on le porta en triomphe sur la place des Trois-Croix où la population s'était rendue en foule avec tout le clergé de la ville et où l'on avait dressé un « magnifique reposoir pour recevoir les précieuses reliques ». Les fêtes données en l'honneur de leur translation à Saint-Germain ont été racontées par la plupart de nos anciens chroniqueurs ; nous donnons ci-dessous quelques extraits de la relation Prouverre :

...Arrivé le 24 avril, ledit seigneur évesque dist vespres dans l'église des capucins en habit pontifical, ayant apporté sur l'autel la sainte relique dans une caisse couverte de velours rouge cramoisi et bien dorée. Le lendemain, dès deux heures du matin, il s'y dit des messes. A cinq heures, messieurs les chapelains de Saint-Germain y dirent matines où il se trouva si grand monde qu'on ne pouvoit entrer en l'église, y en estant venu d'Alençon, Sées, Falaize et autres lieux circonvoisins, plus de 4.000.....

...Le sermon fini, partit dudit lieu la procession tenant cet ordre :

Marchoient deux trompettes qui fanfaroient des chants d'allégresse. Suivoient douze enfants habilés en anges avec chacun une banderolle où estoient les trophées du saint martyr et chacun une petite corbeille pleine de fleurs dont ils faisoient jonchées. Suivoient cinq cents prestres (dont six vingt portoient des chapes) qui demeuroient tous en double haie dans la rue de la Planchette jusques à la porte des Capucins, au milieu desquels passa ledit seigneur évesque qui les suivoit pour entrer dans l'église et y prendre ladite relique, accompagné de tous ses officiers, dont il sortit ayant la main soubz le milieu de la chasse qui estoit portée par messieurs ses deux grands vicaires qui estoient à ses deux côtés soubz le poesle porté par messieurs les eschevins en robe ; et continua la procession pour aller à Saint-Martin prenant sa marche par la rue de la Poterie bien nette et bien esgale. Toutes les croix et bannières suivoient les trompettes et anfans. Après marchoient les religieux, puis le clergé ayant tous chacun un cierge de cire blanche en main. Suivait M. le trésorier de Saint-Germain qui portoit l'image de saint Mansuet en painture...

Suivoient douze frères de la charité avec chacun une torche de cire blanche..., ledit seigneur évesque... nostre gouverneur et tous les officiers de la ville suivis des corps de mestiers....

La station faite à Saint-Martin on vint avec le même ordre à Saint-Germain qui estoit décoré des plus belles et riches tapisseries qu'on put trouver à donner du ravissement à plus de dix mille personnes qui se trouvèrent de plus de dix lieues.

Ledit seigneur célébra la messe avec la plus grande dévotion qu'on puisse imaginer et avec très bonne musique. La messe dite, ledit seigneur appela messieurs ses curés, et après tout ce travail donna l'absolution à trois femmes qui firent abjuration d'hérésie entre ses mains, dont tous les peuples firent de grandes acclamations de joye...........................

(Manuscrit de Thomas Prouverre.)

Souvent, dans les époques d'extrême sécheresse ou de pluies trop abondantes, les reliques de saint Mansuet furent portées processionnellement. D'après Marin Prouverre, chaque fois que les Argentanais recoururent à l'intervention de ce saint, le succès ne se fit pas attendre.

MILICE

Dès 1635, on comptait à Argentan cinq compagnies de miliciens, soit une par quartier.

Argentan comprenait alors cinq quartiers ainsi désignés : Ville, Chaussée, Saint-Thomas, Saint-Martin, Le Beille.

Chaque compagnie était placée sous l'autorité d'un capitaine ; les réunions avaient lieu dans la campagne Saint-Thomas.

En 1660, les officiers des milices furent élus par les bourgeois en assemblée générale.

En 1694, Louis XIV, pour se procurer de l'argent, créa des charges héréditaires et transmissibles d'officiers de milice.

En 1695, les compagnies d'Argentan se rassemblaient quatre fois par an. Lors de ces réunions, les miliciens devaient procéder à des exercices de mousquet, de fusil, etc.

En plus de ces obligations, les miliciens devaient faire le guet, garder la ville et assister aux assemblées et cérémonies publiques.

LE POINT D'ARGENTAN

D'après E. Vimont, dès le mois de novembre 1634, une dame de Falaise, Suzanne Filleul, avait apporté à Argentan l'industrie de la dentelle. Ce n'était pas tout à fait la dentelle de Venise, mais une assez parfaite imitation.

Quand la manufacture royale s'établit à Alençon, il ne fut pas difficile aux dentellières argentanaises de se perfectionner au contact de ses ouvrières. Elles firent plus : elles apportèrent à la nouvelle industrie leur ingéniosité et leur habileté héréditaires.

Bientôt, sous leurs doigts, s'épanouit un nouveau réseau aux mailles plus larges et artistement décorées par un double travail. Le Point d'Argentan *était trouvé.*

(*La dentelle d'Argentan*, par M. l'abbé Leboulanger.)

Le « secret » du *Point d'Argentan* fut perdu pendant la Révolution. A force de tâtonnements, de patience et de persévérance, une habile ouvrière, travaillant sur les vieux parchemins de l'hospice Saint-Thomas, parvint à imiter d'abord, puis à reproduire, le *Point d'Argentan* tel qu'on le fabriquait jadis.

Le *Point d'Argentan* a sa légende ; la voici d'après *La dentelle d'Argentan*, de M. l'abbé Leboulanger, et *Les légendes argentanaises* de M. Rousseau (ouvrage en préparation) :

Deux vieillards de la rue Saint-Martin, autrefois favorisés des biens de la fortune, se trouvaient, par suite de revers et de maladies, réduits à une extrême pauvreté. Ils n'avaient, pour les soigner et les faire vivre, que leur petite fille, qui était un ange de piété, de douceur et de dévouement et qui exerçait le métier peu lucratif de dentellière.

Dans l'espoir d'éloigner la misère qui rôdait sans cesse autour de l'humble demeure, la pauvre enfant travaillait souvent jusqu'à une heure fort avancée.

Un soir qu'elle veillait, la jeune dentellière s'endormit brisée de fatigue...

Bientôt, dans son sommeil, elle voit le ciel

constellé s'entrouvrir et la Vierge en descendre auréolée de lumière ; un beau séraphin l'accompagne et porte un vaporeux écheveau de fils très tenus.

La Vierge prend l'un de ces fils et l'aiguille involontairement délaissée, puis s'assied auprès de l'ouvrière.

Alors, sous les doigts empressés de la douce visiteuse, éclôt une dentelle si délicate qu'on la croirait tissée de rayons de lune.

Malgré son émerveillement, la jeune fille suit avec attention le mouvement des doigts et la course de l'aiguille ; d'un regard avide, elle observe comment se croisent et se nouent les célestes lins, si bien qu'au matin, lorsqu'elle se réveille et que l'apparition s'évanouit, il lui est possible de reconstituer la dentelle de son rêve et de créer ainsi le *Point d'Argentan*.

On travailla la dentelle à Saint-Louis (1), au Point-de-France et dans divers quartiers.

INSTRUCTION

Au xvııe siècle, quatre frères de l'hospice, quatre frères condonnés, instruisaient les enfants pauvres.

Les Jacobins prenaient dans leur établissement des jeunes gens de la ville pour les faire recevoir clercs ; ensuite, ceux-ci allaient à Paris continuer leurs études afin d'obtenir le titre de docteur en théologie.

Vers 1682, des classes régulières fonctionnaient à l'Hôtel-Dieu. Deux ans plus tard, on y apprenait

____

(1) Voir page 183.

à lire, à écrire et à chanter à soixante enfants « bleus » ou « brunes ». Les enfants vêtus en bleu apprenaient divers métiers. Les brunes s'initiaient à la fabrication de la dentelle.

En 1692, fut fondée, par l'abbé Charles Matrot, une école gratuite pour cinquante élèves.

A cette époque, plusieurs professeurs étaient payés avec le produit des octrois.

En 1668, d'après M. Eugène Vimont, la proportion des habitants sachant signer était de 87 % pour les hommes et de 60 % pour les femmes.

Rappelons que plusieurs personnalités connues naquirent à Argentan au cours du XVIIe siècle.

Nous citerons entre autres :

BOIREL, ANTOINE, né en 1625, savant et adroit chirurgien.

L'abbé DE COURTEILLES, né en 1631, auteur d'un manuscrit daté de 1694 et intitulé : *Description sincère et fidèle de la ville d'Argentan.*

HÉREMBERT DU PATY, né en 1605, auteur d'un manuscrit intitulé : *Descriptions curieuses et anecdotes historiques de la ville d'Argentan.*

LAUTOUR DU CHATEL, né en 1676, littérateur, « génie libre, enjoué et satirique », « homme d'un rare mérite et d'un savoir très étendu. »

PROUVERRE-BICHETEAUX, MARIN, auteur d'une *Histoire ecclésiastique de Sécs*, datée de 1624, et d'une *Histoire générale de Normandie*, datée de 1631.

PROUVERRE, THOMAS, né en 1608, auteur d'un manuscrit *sur ce qui s'est passé de mémorable sa vie durant.*

PROUVERRE, SIMON, né en 1635, fils du précédent, auteur d'une *Histoire du diocèse de Sées.*

LE JANSÉNISME ET LE HOCISME A ARGENTAN

Le jansénisme sema des germes de discorde dans la ville d'Argentan lors des prédications du théologal Jean Lenoir, à Saint-Germain, en 1660. Lenoir, qui était plutôt partisan du jansénisme, eut bientôt, pour ce motif, la majeure partie de la population contre lui. Quatre jeunes gens, qui étaient venus de Caen vivre en anachorètes à Silly, se mirent à la tête des protestataires. Ils firent placer au portail de l'église Saint-Germain une statue qui représentait la Vierge écrasant sous son pied un serpent noir (1); l'inscription suivante accompagnait cette statue : *Flagellum jansenistarum*. Des rassemblements et des manifestations eurent lieu, pendant plusieurs jours, en l'honneur de la « Vierge au serpent noir ». On se réunissait en foule pour chanter des litanies dans la rue Saint-Germain ; les femmes et les enfants répétaient en chœur les paroles de l'inscription et les acclamations de tous les assistants s'entendaient des extrémités de la ville.

L'évêque ayant donné l'ordre de faire disparaître les mots : *Flagellum jansenistarum,* les solitaires de Silly perdirent toute retenue ; ils parcoururent les rues d'Argentan en criant : « Suivez Jésus-Christ, la foi se retire de la France, allons au Canada ! » Ce qui fit donner aux membres de ce groupe et à leurs partisans le nom de *canadois*. Un peu plus tard, ils partirent pour Sées, ayant à leur tête un licencié

(1) Dans l'esprit de ces jeunes gens, le serpent noir personnifiait Lenoir.

en théologie nommé Boirel. Celui-ci tenait deux pierres qu'il frappait l'une contre l'autre en répétant : « C'est ici le chemin du paradis ! » La troupe, qui s'était grossie rapidement, entra dans la ville épiscopale en chantant : *A jansenistis libera nos, Jesu.* Ils parcoururent les rues en disant qu'ils allaient chercher Jésus-Christ au Canada puisqu'il n'était plus en France.

Plusieurs des manifestants furent arrêtés.

Peu à peu, le mouvement s'apaisa, mais non sans laisser un certain trouble dans les esprits.

Un peu plus tard, en 1695, un capucin irlandais répandit à Argentan une réforme fanatique ; sa doctrine, nommée le *hocisme*, eut quelques partisans ; il prétendait expliquer les points les plus obscurs de l'Ecriture par les mots : *hic, hæc, hoc.* Il se rétracta et fit abjuration.

JEUX

Les jeux les plus en honneur au xviie siècle à Argentan étaient le papegay et le jeu de paume.

Le papegay était un jeu d'adresse qui consistait à abattre, avec une arquebuse, un oiseau factice placé à l'extrémité d'un mât. Ce jeu fut très apprécié à Argentan de la fin du xvie siècle au commencement du xviiie. Henri IV, en 1609, accorda des privilèges et des exemptions au plus adroit tireur d'Argentan.

Au début du xviie siècle, le papegay se tirait dans le Pastis une fois par an, au mois de mai. Plus tard, il fut installé rue Papegaux (autrefois rue de la Teste-Noire). Cette rue lui doit son nom. Le tir au pavois semble nous être venu de cet ancien jeu d'adresse.

Le plus habile tireur était nommé le *roi du papegay* ou *capitaine des arquebusiers d'Argentan* (1).

En 1620, il y avait un jeu de paume, dit *jeu de paulme des Forges*, à l'angle du chemin de la Noë et de la rue actuelle du Tripot. Cette rue ne tarda pas à s'appeler la *rue des Forges*. C'était, paraît-il, le quartier des jeux et le lieu de rendez-vous des gens mal famés.

TAILLE CHANGÉE EN TARIF

En 1656, la taille fut changée en tarif.

Les bourgeois d'Argentan ayant voulu obliger les ecclésiastiques à payer les entrées dans la ville, les prêtres obtinrent un arrêt de la Cour des Aydes, en 1659, les exemptant de tout impôt s'ils vivaient seuls et les exonérant de la plupart des droits d'entrée s'ils vivaient en famille.

La taille, nous dit Prouverre, était un lourd fardeau pour la population d'Argentan :

La taille, à partir de 1640, nous avait jetés dans une extrême et pitoyable désolation. Notre ville était imposée à environ trente-deux mille livres et le reste de

---

(1) Selon Mézeray, Richard-Cœur-de-Lion avait introduit l'usage des arbalètes en France, car avant lui les hommes de guerre ne se servaient que de la lance et de l'épée ; ils avaient en horreur ces armes avec lesquelles un coquin à couvert peut tuer un vaillant, de loin et par un trou.

(*Histoire d'Argentan*, de J.-A. Germain, page 245.)

l'élection à proportion ; ce qui ne se faisait payer qu'a-
vec des violences inouïes, jusqu'à exécuter (c'est-à-dire
saisir) le pain. La répartition de ces sommes faisait
commettre tous les péchés imaginables : vengeances,
blasphèmes, corruptions, cruelles inimitiés. Un grand
nombre d'habitants prenaient la fuite et abandonnaient
la ville.

Ceux qui étaient retenus par leur trafic et qui voyaient
qu'enfin il fallait succomber, s'efforcèrent de trouver
quelque remède à un si grand mal et se résolurent,
après beaucoup de consultations, à demander un tarif
(octroi).

De cette manière, les étrangers qui n'étaient point
imposés et les distributions de petites marchandises
qui ne pouvaient être mises à ta taille qu'à de très
modiques sommes, y contribueraient.

(*Journal de Thomas Prouverre*, page 504.)

POINT D'HONNEUR

Son but, comme nous l'avons vu, était de régler
et surtout d'empêcher les duels.

En 1693, la charge de lieutenant du point d'honneur devint un office.

Le lieutenant du point d'honneur figurait au premier rang dans les cérémonies publiques. La maré-
chaussée était à ses ordres pour garder à vue les
gentilshommes qui voulaient se battre.

ADMINISTRATION MUNICIPALE

Comme dans la plupart des villes de la Basse-Normandie, la police et l'administration municipales

étaient confiées à des échevins que les bourgeois nommaient tous les trois ans par voie d'élection (1).

Cet état de choses fut modifié en 1611, année où le roi Louis XIII accorda aux bourgeois d'Argentan le droit d'établir un *Corps de ville*, sorte de conseil municipal.

Le *Corps de ville*, en présence du maire et de trois échevins, se rassemblait sous la présidence de l'un des lieutenants du bailli.

C'est à MM. les maires et échevins, en l'absence du gouverneur et du lieutenant du Roi, de faire mettre la bourgeoisie sous les armes pour les réjouissances ordonnées par Sa Majesté et d'assister en corps aux Te Deum qui doivent se chanter dans la grande église de Saint-Germain pour rendre grâce à Dieu de la santé du Roi, des victoires remportées sur les ennemis de l'Etat et de d'autres événements heureux. Ils doivent aussi aller mettre le feu au bûcher préparé dans la grande place publique.

(Manuscrit Lautour-Montfort, page 313.)

Par bûchers, il faut entendre les « feux de joie » appelés aussi « feux de veille ».

Le « feu de veille » s'allumait au bruit des tambours, des hautbois et de la mousqueterie.

---

(1) On ne voit pas figurer le titre d'échevin avant 1565 dans les documents relatifs à l'histoire d'Argentan.

La légende du puisatier

Moins connue que celles de la Cloche du marchand et du Point d'Argentan, la légende du puisatier mérite cependant qu'on lui consacre quelques lignes. Nous les empruntons au manuscrit de M. de Colleville (page 303) :

En l'an 1624, un pauvre homme descendu dans le puits du jardin des religieux Jacobins, profond de 86 piés, pour en retirer les crasses et les fondrilles et pour y faire quelque maçonnerie, se trouva enveloppé de quantité de terres qui lui tombèrent sur le corps. On le croyait mort et les religieux même estoient en résolution de combler le reste pour la grande difficulté et pour le grand travail qu'il fallait faire pour retirer les terres. Cependant, la femme du mort estant survenue, importuna tant par ses prières et clameurs les religieux qu'elle les obligea de le déjouiller pour lui donner une autre sépulture ; ce à quoy se rendant, ils firent venir plusieurs hommes qui en diligence retirèrent au plus tôt toute la terre. Chose merveilleuse, après avoir fossoyé et travaillé l'espace d'un jour et demi, comme ils approchaient de cet homme, ils entendirent, ce leur sembloit, sa voix, ce qui les obligea de s'avancer, et l'ayant trouvé ils l'aperçurent sain et sans aucune blessure ni dommage en ses membres, disant qu'il avoit été miraculeusement assisté d'une vierge qui retenoit de sa robe les terres penchantes et que le séjour de deux jours qu'il y avoit esté enfermé ne lui avoit semblé qu'un moment, et qu'il n'y avoit eu aucun mal ni appréhension. Ce qui donna de l'étonnement et de la joie non seulement aux religieux, mais à tous les habitants de la ville, qui tous en rendirent grâce à Dieu, à la Sacrée Vierge Marie et au glorieux saint Dominique.

Chacune des deux légendes suivantes datant d'une époque qui nous est inconnue, nous croyons devoir les classer dans ce chapitre.

LA LÉGENDE DU CHATEAU D'ARGENTAN

Le château d'Argentan a aussi sa légende :

Une jeune fille du nom d'Isabeau, qui y fut jadis enfermée par un méchant seigneur, meurtrier de son amant, et dans les fers duquel elle mourut elle-même pure et fidèle, y fait de nocturnes apparitions sous différentes formes. On l'appelle la Demoiselle et quelquefois la Bête du château d'Argentan.

(Léon de La Sicotière : Le Département de l'Orne archéologique et pittoresque, page 203.)

LA LÉGENDE DU DONJON

Si l'on en croit Jacques Yver des Rivières, vers l'an 1385, le donjon d'Argentan devint le théâtre d'une scène tragique qui fit grand bruit à la cour de France et dans toute la Normandie.

Pierre, comte d'Alençon, avait concédé à Jacques Le Gris, son chambellan, la terre d'Aunou-le-Faucon, qualifiée de baronnie, ce qui lui donnait l'occasion fréquente, en allant visiter son domaine, de passer par Argentan.

Au cours d'un de ces voyages, Le Gris fut accusé par Marie de Thibouville, femme de Jean, seigneur de Carrouges, de l'avoir violentée dans une des salles du donjon où il l'avait attirée sous prétexte de le visiter. Le seigneur de Carrouges ayant demandé réparation de ce lâche outrage, Le Gris protesta de son innocence et recourut à de puissants témoignages, mais le Parlement décida que l'affaire se terminerait par un combat en champ clos entre l'accusateur et l'accusé. Jacques Le Gris succomba dans la lutte et mourut en maintenant ses dénégations.

Certains auteurs prétendent que l'attentat dont fut victime Marie de Thibouville aurait eu lieu à Campoménil. Nous reproduisons, à titre documentaire, les passages principaux du récit de Froissard qui s'étend largement sur ce sujet.

. . . .
. . . .
. . . .

Le marquis Eugène de Lonlay a publié la Légende du Donjon, *qui débute ainsi :*

> *En crédule normande*
> *Ma nourrice souvent*
> *M'a conté la légende*
> *Que j'écris en rêvant.*

L'héroïne du poème est une jeune fille séduite par un grand personnage et la scène se passe au donjon, mais, faute, sans doute, de renseignements précis, et, peut-être aussi, l'imagination aidant, la fiction du poète n'offre qu'une analogie très lointaine avec la vérité.

(Le Donjon d'Argentan, par M. V. Guillochim.)

CHAPITRE VIII

Argentan à la veille de la Révolution

Louis Charles de Bourbon, comte d'Eu, fils du duc du Maine, obtint le domaine d'Argentan dans son partage et le conserva jusqu'en 1767. A cette époque, il le vendit, après en avoir obtenu la propriété du roi Louis XV en contre-échange. Par cette vente, le domaine passa à M. de Cromot, seigneur du Bourg, premier commis des finances, qui devenu surintendant des finances de Monsieur, comte de Provence, depuis Louis XVIII, le céda à ce prince en contre-échange de la grande et petite forêt d'Argentan. Ce dernier propriétaire le posséda jusqu'en 1789.

Avant de parler des troubles qui se produisirent à Argentan pendant la Révolution, nous dirons quelques mots des faits principaux qui les y précédèrent et de l'état de cette ville au xviiie siècle.

Au début du xviiie siècle, les Jésuites, après avoir, plusieurs fois, tenté de s'établir à Argentan, y firent construire un hôpital et une petite chapelle au bas du donjon, à côté de l'emplacement sur lequel s'élevait autrefois la porte des Bouteilles.

En 1741, plus de la moitié de la place Mahé et une

partie des terrains du donjon furent accordées à ces religieux.

En 1764, l'ordre des Jésuites ayant été supprimé, leur établissement d'Argentan fut adjugé à la grande chambre du parlement de Rouen.

La chapelle Saint-Nicolas, qui avait été construite à grands frais et entretenue avec beaucoup de soin par les comtes et ducs d'Alençon, se trouva ensuite fort négligée.

Remise en état vers 1690, elle ne tarda pas à subir de nouvelles dégradations. Ce qui nous reste de cet edifice ne rappelle que très imparfaitement l'ancienne eglise.

Les deux chapelles formant le transept de Saint-Nicolas étaient dédiées, l'une à saint Jean, l'autre à sainte Geneviève.

La chapelle Saint-Jean, du côté de la ville, fut démolie en 1728 pour faire place à la « rue neuve » (Lautour-Labroise). Celle de Sainte-Geneviève l'a été depuis. La jolie flèche du clocher fut abattue par un ouragan le 2 février 1701 ; on suspendit alors, dans une petite fenêtre du pignon occidental, la cloche de la chapelle, fondue en 1436 « au dépens de Henri VI, roi de France et d'Angleterre ».

La *tour de la Chaussée* fut abattue en 1723, la *tour au Beurre* en 1743, la *porte d'Or* en 1749, la *porte Saint-Jean* en 1778.

En 1752, la ville obtint l'autorisation de détruire la *tour Carrée* qui tenait au pignon du Grand-Logis, aujourd'hui palais de justice. La terrasse du Cours fut alors prolongée. Dès cette époque, on conçut le projet d'établir, au moyen de cette voie, une rue droite reliant les « Trois-Croix » au faubourg aint-Jacques.

En 1765, la *tour au Febvre*, anciennement appelée *Hyvone-tour* (de Colleville), prit le nom de *tour Marguerite* qu'elle a conservé. Elle servait de magasin et de dépôt pour les fournitures des troupes et les équipements de la milice. Elle avait été donnée à la ville par Louis XIV pour « y enfermer les filles débauchées ».

Tour Marguerite, ainsi appelée parce qu'une vieille femme portant ce nom l'aurait habitée pendant un grand nombre d'années.

(Histoire d'Argentan, de J. A. Germain, p. 140.)

Le nom de Marguerite de Lorraine, digne petite fille du bon roi René, est resté populaire à Argentan. Il existe, en effet, dans cette ville une tour qu'on appelle la tour Marguerite. *Est-ce elle qui la fit construire ou l'a-t-elle seulement habitée ? Ce point historique n'a pu être élucidé jusqu'à présent.*

(La Normandie monumentale et pittoresque. Notice
de Louis Duval.)

En 1740, les marchés et la poissonnerie, qui se tenaient au Grand-Carrefour, autour de la Grand' Croix, furent transférés sur la place du Château, au haut de la rue Lautour-Labroise. On y construisit des baraquements pour la boucherie, mais la poissonnerie s'y tint toujours en plein air.

Mme de Chambray, abbesse d'Alménèches, rétablit le prieuré de Notre-Dame-de-la-Place en 1728.

Le dernier clocher de Notre-Dame, rebâti en 1738, représentait une tour romane.

Ce prieuré subsista jusqu'à la Révolution.

En 1742, on nomma des commissaires pour faire l'acquisition de *l'auberge des Trois-Rois* et autres maisons attenantes situées dans l'île Gloriel, vulgairement dite de Saint-Jean. Les pauvres valides y furent transférés.

Ce nouvel hôpital prit le nom d'*Hôpital Saint-Louis*. L'entrée de sa chapelle se trouvait où est aujourd'hui la porte de l'immeuble n° 5, habité par M. Guillochim, maire d'Argentan.

La reconstruction du grand pont d'Argentan, en 1750, fit établir un sous-ingénieur en cette ville pour en diriger les travaux. Les grandes routes qu'on a ouvertes depuis y ont fixé sa résidence.

Celle de Sées y a été ouverte sur un nouvel alignement, commencée en 1757 elle se fit par corvées. Ce moyen lent et préjudiciable aux habitants de la ville et des campagnes qu'on commandait pour ces travaux fut supprimé. On y suppléa pour celles qui restaient à construire par une imposition de 5 sols par livre sur les impositions taillables. Les produits en furent employés à l'ouverture et achèvement de la route d'Argentan à Caen, en 1764, à celle pour Paris en 1767 et à celle d'Argentan à Granville en 1788.

(Manuscrit de Colleville, page 223.)

En 1753, on érigea un calvaire sur la place Mahé, au pied du donjon. Pour ce motif, cet emplacement, qui était planté d'arbres, prit, pour un temps, le nom de *place du Calvaire*. C'est là que se tenaient les foires au bétail.

En 1778, la *Grand'Croix*, qui se trouvait au Grand

Carrefour et qui gênait considérablement la circulation des voitures, fut transportée place du Marché.

En 1727, l'audience et la prison sont abattues et leurs services transférés au château.

En 1744, l'immeuble dont l'historien Mézeray avait provoqué la vente(1) est détruit et remplacé par l'habitation que nous voyons aujourd'hui rue de la Chaussée, n° 43.

En 1732, la foudre causa d'importants ravages dans l'église Saint-Martin.

Notons, en passant, que, vers 1720, l'église Saint-Thomas était aussi vaste que celle de Saint-Martin et qu'un cimetière, appelé « cimetière Saint-Thomas », l'entourait.

En 1727, la *tour de l'Horloge*, à laquelle un des frères Mézeray avait, comme on l'a vu, sauvé la vie, fut complètement supprimée. Dans cette circonstance, la majeure partie de la population désapprouva la décision du Conseil municipal. Le timbre de l'horloge, placé sur le haut de la tour, était à découvert de tous côtés et pesait 3.927 livres. On lisait autour :

J'AI NOM MARIE, POUR MADAME
MARIE D'ESPAGNE, COMTESSE DE
VALOIS, D'ALENÇON, D'ÉTAMPES ET DU
PERCHE, EN MAI 1378.

Du timbre donné par Marie d'Espagne, refondu avec différentes armes qui avaient servi pour la défense de la ville, on fit, en 1751, une autre cloche sur laquelle on porta, par reconnaissance pour la princesse qui l'avait offerte, l'ancienne inscription du timbre.

____

(1) Voir page 156,

ARGENTAN. — Porte, pont et chapelle Saint-Jean
(*D'après un dessin de Victor Petit*)

ARGENTAN. — Porte, pont et chapelle Saint-Jean
(*D'après un dessin de Victor Petit*)

L'horloge était accompagnée de dix petites clochettes qui chantaient les antiennes de la Vierge et sur lesquelles on lisait « Pierre, comte d'Alençon, m'a fait faire ».

(*Manuscrit de Colleville*, page 12.)

Le timbre fut refondu avec plusieurs armes de métal qui avaient servi à la défense d'Argentan, on en forma une grosse cloche nommée la cloche de ville. Elle fut élevée dans le gros clocher de Saint-Germain.

(Même ouvrage, page 14.)

En 1729, on transporte l'horloge de la tour de l'horloge dans la grosse tour de l'église Saint-Germain. En 1768, cet ancien mécanisme est remplacé par celui qui sert aujourd'hui.

Les puits de la place du Grand-Carrefour furent « déplacés » en 1778. Celui de Saint-Thomas, qui était dans la rue, fut également disposé de façon à ne pas nuire. Ces puits avaient des tourelles qui s'élevaient à trois pieds au-dessus des pavés. Celui du bas de la Grand'Croix avait 15 pieds de profondeur, celui qui était voisin du porche avait 36 pieds et celui de Saint-Thomas 38 pieds.

Les trois croix de pierre qui se trouvaient à l'entrée de la route de Paris furent supprimées en 1771 et remplacées par la colonne que nous voyons actuellement.

En 1773, une des piles du pont qui le soutenait ayant manqué, le bas de la chapelle Saint-Jean se renversa dans la rivière. On supprima le reste pour élargir la rue.

La *porte Saint-Jean* partait de la troisième arche du pont, vers le Croissant. En 1782, le *pont Saint-*

13

Jean, qui avait quatre arches, fut changé, transformé et la quatrième arche, vers Saint-Jacques, bouchée.

Le cimetière actuel date de 1785.

Deux des hivers du xviiie siècle furent, pour la région d'Argentan, particulièrement rigoureux.

En 1709, lors du premier, les grands froids rendirent nécessaire la fermeture des écoles. « Les semences périrent, les arbres fruitiers moururent et les arbres forestiers séchèrent sur pied ».

Celui de 1788 fut suivi d'une longue disette ; le maire d'Argentan écrivait à cette époque :

La misère est à son comble. Plusieurs personnes sont exposées à mourir de faim, vu le prix exorbitant où sont portés les grains. On voit des misérables se nourrir d'herbes, de plantes, de racines cuites.

En 1786, Louis XVI passa par Argentan en se rendant à Cherbourg, n'ayant à sa suite que cinq ou six voitures et quelques gardes. M. le duc d'Harcourt, chargé de prévenir les autorités municipales du passage de leur souverain, notifia ses ordres comme suit :

Messieurs,

Le Roy devant passer à Argentan le 21 de ce mois, vous ferez border la haye aux troupes bourgeoises, ferez battre aux champs et saluer sa Majesté du drapeau.

L'intention du Roy n'est point qu'il luy soit fait de harangue ni de compliments.

Le corps de ville pourra se présenter aux relais pour recevoir les ordres de sa Majesté s'il lui plaisait de lui en donner.

CLERGÉ

Argentan appartenait au diocèse de Sées. Ce diocèse était divisé en cinq archidiaconés. Ces archidiaconés étaient, pour la Normandie, ceux de Séez, de l'Hiémois et du Houlme. Ils se subdivisaient en doyennés, celui du Houlme comprenait les doyennés d'Ecouché, d'Argentan, d'Asnebecq et de Briouze.

L'agglomération d'Argentan était divisée en quatre paroisses :

Saint-Germain,
Saint-Martin-des-Prés,
Notre-Dame-de-Coulandon,
Saint-Martin-des-Champs.

Les curés n'avaient pas de traitement, leurs revenus provenaient d'immeubles, de terres, de fondations pieuses et surtout de la dixme. Rappelons qu'on appelait dixme le dixième des récoltes prélevé par le clergé et grange-dixmeresse le bâtiment où ces prélèvements étaient déposés.

La cure d'Argentan ne rapportait que 1.500 livres ; celle de Sarceaux en rapportait 4.000.

La cure s'appelait « bénéfice » et son rapport « bénéfice-cure ».

La dîme de la région d'Argentan était partagée en deux parties égales ; la première appartenait aux religieux de Saint-Wandrille, près Rouen ; la seconde au curé d'Argentan. Sur cette deuxième part, le couvent de Saint-André de Gouffer et les trésors de Saint-Germain et de Saint-Martin avaient le droit d'effectuer diverses retenues.

Bien qu'Argentan comptât deux paroisses, il n'y eut, rappelons-le, qu'un seul curé dans cette ville jusqu'à la Révolution.

Vers 1789, Argentan possédait un très nombreux clergé ; on comptait, en effet :

A Saint-Germain : 1 curé, 2 vicaires, 6 chapelains, 1 prêtre-sacriste et plusieurs prêtres habitués.

A Saint-Martin : 6 chapelains et plusieurs autres prêtres chargés de fonctions diverses.

A Saint-Thomas : 2 chapelains, 4 frères, etc.

Il y avait, en outre, des aumôniers à Sainte-Claire, des Capucins, des Jacobins; enfin, beaucoup d'autres prêtres, pourvus ou non de bénéfices, résidaient à Argentan.

Le nombre des ecclésiastiques qui habitaient cette ville dépassait quatre-vingts.

La confrérie des prêtres traversa le XVIIIe siècle toujours composée d'un grand nombre d'associés. La *fête de la Convention* se célébrait encore avec éclat. La partie de cette manifestation la plus intéressante était la procession générale.

« Depuis un temps immémorial, écrivait M. Lautour-Montfort, en 1744, le maire et les échevins d'Argentan ont porté le dais à cette procession. »

« Des anciens qui ont vu cette solennité, dit l'abbé Laurent, racontent que les ecclésiastiques qui marchaient en tête du cortège étaient arrivés à l'église Saint-Martin lorsque les derniers sortaient à peine de Saint-Germain. »

Pendant longtemps, les deux paroisses d'Argentan ne furent délimitées par aucune démarcation :

Argentan est le seul endroit où tout soit confondu. Les habitants paroissiens de Saint-Martin sont répandus dans toute la ville... Il en est de même des paroissiens de Saint-Germain, dont un grand nombre demeurent dans le quartier de Saint-Martin. Ce mélange a causé de tout temps et causera toujours des disputes entre les prêtres de l'une et l'autre paroisse, et, plus encore, entre les Frères des deux charités, qui en viennent souvent aux mains pour l'enlèvement des corps... Ce n'est que le seul sacrement de baptême ou la volonté du nouveau venu qui fixe le paroissien, et non la demeure....

(Manuscrit Lautour-Montfort, page 85.)

NOBLES

Jusqu'en 1789, les seigneurs jouirent de presque toutes les exemptions d'impôts. De plus, ils avaient de nombreux droits féodaux sur l'étendue de leurs terres. De temps à autre, les nobles étaient obligés de fournir des *aveux* au roi, dans lesquels ils faisaient connaître les limites de leurs fiefs et les redevances qui s'y trouvaient attachées.

BOURGEOIS

La condition des bourgeois d'Argentan était peu enviable. La taille constituait pour eux une charge de plus en plus lourde. En 1702, elle fut portée de 22.000 à 33.600 livres. Cette brusque augmentation obligea 400 habitants à abandonner la localité.

En 1757, le maire d'Argentan déclarait que cette ville se trouvait : « dans la misère et la situation la plus fâcheuse, par le grand nombre de troupes dont elle avait été chargée depuis six ans et par les corvées pour les chemins et nouvelles routes. »

En 1759, au sujet d'une imposition supplémentaire de 8.000 livres, les Argentanais écrivaient au roi :

La misère où est réduite cette ville la met hors d'état de pouvoir payer. Il n'y a ni trafic, ni commerce dans Argentan. Les habitants, qui sont en très petit nombre, trouvent en eux à peine du travail pour subsister. Ils payent trop de subsides. Les corvées journalières, auxquelles ils sont assujettis depuis deux années entières, pour la confection de la route nouvelle, qui se pratique depuis Sées jusques en cette ville, les consument et les mettent dans une situation déplorable.

Cette situation ne diminue en rien l'appréhension de faire les mêmes corvées sur la route tendant d'Argentan à Falaise dont on les menace. Enfin, ils sont poursuivis par le bureau des finances pour le pavé des rues qui est un objet d'au moins 50.000 livres dont il tombe une partie à la charge de la ville qui n'a pour ainsi dire aucun revenu. Cette fâcheuse situation engagera quantité d'habitants et autres qui occupent la ville à la quitter et à retourner dans leurs campagnes.

Vers 1751, la misère était si grande, à cause de la cherté des grains, que les journaliers de la ville étaient obligés d'aller mendier.

PAYSANS

Le paysan de la région d'Argentan avait une existence des plus misérables. La dîme lui prenait une

portion de toutes ses récoltes ; la corvée l'arrachait
à ses occupations pour l'envoyer travailler gratuitement chez le seigneur. La garenne dévastait ses
terres, la chasse détruisait ses moissons, le colombier
vivait à ses dépens.

ADMINISTRATION MUNICIPALE

Vers 1747, avant de procéder à l'installation du
maire, des échevins ou des conseillers de ville, une
enquête publique avait lieu afin de savoir si le nouvel
élu était de bonne vie et mœurs, s'il faisait profession
de la religion catholique, s'il assistait aux services
divins et faisait son devoir de chrétien.

Le 22 novembre 1777, le Corps de Ville se réunit
pour la première fois dans la maison située
place Henri-IV, nᵒ 2. Rappelons que les assemblées
municipales avaient lieu auparavant dans la tour de
la Chaussée ou à l'auditoire (Audience).

JUSTICE

En 1756, Louis XV apporta diverses modifications
dans la composition du personnel du bailliage d'Argentan.

A partir de cette époque, la justice fut rendue
dans cette ville par : un bailli de robe courte, un
« lieutenant-général-civil-et-criminel-commissaire-
enquêteur-examinateur », un lieutenant particulier
civil et criminel, deux assesseurs et un procureur du
roi. Le siège jugeait les causes d'Argentan, d'Exmes
et de Trun.

Le bailliage d'Argentan était composé de 107 paroisses qui en dépendaient entièrement *ou en partie*. Ces morcellements engendraient de fréquentes confusions,

INSTRUCTION

L'enseignement continua à progresser pendant le xviiie siècle. Les enfants étaient instruits par les prêtres de l'hôpital et par des professeurs libres. En 1757, une institutrice libre, âgée de 84 ans, enseignait encore à Argentan, malgré son âge avancé. En 1780, cette ville possédait un maître de danse.

C'est au xviiie siècle que naquirent à Argentan les historiens :

BAILLEUL, auteur d'un manuscrit intitulé : *Mémoires historiques sur la ville d'Argentan*.

LAUTOUR DE MONTFORT, auteur d'un manuscrit intitulé : *Mémoires et descriptions de la ville d'Argentan et de ses environs*.

LAUTOUR, fils du précédent, auteur de « beaux plans dont les savants ont fait le plus grand cas. »

LIBRAIRIE ET JOURNAUX

En 1795, un nommé Bouquet, de Falaise, vint à Argentan installer la première imprimerie qui fonctionna dans cette ville. Cet établissement n'eut qu'une existence éphémère.

A cette époque, Argentan possédait déjà deux librairies ; celle de Lecrène, qui, dès 1787, avait ouvert le premier magasin de livres connu dans cette localité. Lecrène était aussi relieur. Le second magasin, qui appartenait à Delahaye, de Falaise, (ainsi que Bouquet), était géré par un nommé Dufour. Cette dernière échoppe se trouvait près de l'église Saint-Germain.

COMMERCE

En 1750, on comptait six foires : Les foires Saint-Vincent, Quasimodo, au Chambellan, aux Mérises, de Saint-Pierre-aux-liens et des Morts.

Il y avait marché les lundi et vendredi ; halle, les lundi et jeudi.

Dès 1740, la fabrication des toiles avait à peu près disparu de la région d'Argentan. Il ne restait plus qu'une dizaine de métiers. Deux industries seulement avaient prospéré : le tannage des peaux et la fabrication de la dentelle connue sous le nom de Point d'Argentan.

La première occupait trois cents ouvriers. On ne comptait pas moins de vingt tanneurs dans le faubourg du Beigle. La seconde faisait vivre plus de mille ouvrières qui travaillaient soit dans la ville soit dans les campagnes environnantes.

En 1760, il y avait neuf barrières du tarif :

Barrières Saint-Jean, du Marais-Saint-Martin, Millet, de la Poterie, de la Venelle-des-Champs-Saint-Thomas, de Saint-Thomas, des Capucins, du Pastis et de la Noë.

CORPORATIONS

Vers 1771, il y avait une trentaine de corporations distinctes ; chacune élisait son député qui la représentait aux assemblées municipales.

MILICE

A la veille de la Révolution, la milice comprenait quatre compagnies :

Compagnie du quartier de la ville, dont les exercices avaient lieu au Grand-Carrefour (place Henri IV).

Compagnie de la Chaussée, réunions : près du Grand-Pont (rue de la Chaussée).

Compagnie de Saint-Thomas, réunions : Grande-Rue (rue Paul-Boschet).

Compagnie dé Saint-Martin, réunions : sur l'herbier Saint-Martin (place Saint-Martin).

GRENIER A SEL

Vers 1745, la distribution du sel se faisait au grenier de la rue aux Jouis (rue aux Juifs). Quelques années plus tard, elle eut lieu rue de la Chaussée.

CHAPITRE IX

Révolution de 1789

Les officiers municipaux, les notables et les députés des corporations se réunirent à l'Hôtel de Ville d'Argentan le mardi 10 décembre 1788, dans le but de rédiger les vœux du Tiers-Etat pour la convocation imminente des Etats-Généraux. L'assemblée, « considérant que tous les citoyens, qui n'étaient ni de l'ordre du clergé ni de celui de la noblesse, formaient, sous le nom de Tiers-Etat, la majeure partie de la nation », composa une liste de vœux dont nous détachons les suivants :

.....Que le Roi, par effet de ses bontés paternelles pour son peuple, ordonne :

.....Que dans le nombre des députés qui seront envoyés aux Etats-Généraux, ceux qui seront élus pour le Tiers-Etat et qui le représenteront, soient en égalité de nombre avec les députés des deux ordres réunis.

.....Que les députés qui représenteront le Tiers-Etat ne puissent être pris ni élus que parmi les citoyens qui sont véritablement de cette catégorie, sans qu'ils puissent être choisis ni parmi les anoblis ni parmi ceux qui jouissent des privilèges de la noblesse.

La Révolution fut précédée dans la région d'Argentan par une extrême misère du peuple. Le réquisitoire suivant, bien qu'empreint d'optimisme, laisse voir dans quelle pénible condition se trouvait à cette époque la population de cette ville :

MM. les procureurs-syndics ont dit : que si une indigence cruelle et une misère extrême causée par la rigueur d'un froid excessif, par la cherté des blés et la cessation absolue des travaux ordinaires, ont excité quelques légers murmures et arraché quelques plaintes indiscrètes et quelques propos téméraires, il serait dangereux d'y donner trop d'importance dans les circonstances présentes.

Que cette disposition des esprits a été calmée sur-le-champ par les secours que le gouvernement a fait distribuer aux malheureux, qu'on a vu avec satisfaction les citoyens aisés de cette ville faire les plus grands efforts et concourir avec générosité à cet acte de bienfaisance.

Cette ressource maintenant épuisée, on ne peut se dissimuler qu'il n'en resterait d'autres aux malheureux que dans leur désespoir, si on ne s'occupait incessamment de faire quelques établissements en faveur d'une foule d'ouvriers que le malheur des temps réduits sans travail et sans pain.

Que nonobstant les précautions prises, de concert avec les officiers de police, pour empêcher l'abus du commerce des grains, leur prix a progressivement haussé jusqu'à ce jour.

Que cette cherté sans doute affligeante pour toute la province fait singulièrement sentir ses plus fâcheux effets dans la ville d'Argentan où une population nombreuse n'est point en proportion avec le commerce, les manufactures et les travaux.

Aussi croient-ils devoir renouveler auprès de la com-

mission intermédiaire les instances déjà faites pour obtenir du gouvernement des secours proportionnés aux besoins actuels.

(Réquisitoire des procureurs-syndics de la Commission intermédiaire d'Argentan, 18 février 1789. Extrait des Ephémérides de Louis Duval, page 23.)

Le complet dénuement de la population pauvre suscita bientôt des troubles dans toute la région argentanaise. L'Intendant d'Alençon écrivait le 18 avril 1789 :

Hier était le marché de Sées. J'avais été instruit qu'on y était menacé d'une émeute de la part du peuple.

Demain est le marché d'Argentan, sur lequel on m'a donné aussi quelques inquiétudes et auquel j'ai engagé de se porter l'officier qui a mené un détachement à Sées...

Tant que le blé restera au prix où il est, il faut que nous nous attendions à avoir, des révoltes dans les marchés, si nous n'avons pas de troupe pour en imposer au peuple.

(Même ouvrage, page 57.)

Les députés qui représentèrent Argentan le 5 mai 1789 à la réunion des Etats-Généraux furent : MM. Decourmesnil, Depréfeln et l'abbé Leclerc.

Les graves désordres qui se produisirent à Paris, peu de temps après cette date mémorable, ne tardèrent pas à avoir leur répercussion en province ; l'Intendant d'Alençon écrivait le 20 juillet :

La précédente nuit, le peuple d'Argentan s'est porté au bureau des aides et a brûlé les registres. Les troupes

*bourgeoises et le détachement qui y est du commissaire
général, paroissent n'avoir pas pu s'y opposer. Leur
présence, il est vrai, a empêché que la populace ne se
portât à de plus grands excès. Ce matin, elle s'est rendue
au grenier à sel où on a été forcé de lui livrer le sel à
six sols la livre.*

(Même ouvrage, page 107.)

La gravité des événements obligea bientôt la municipalité d'Argentan à prendre deux dispositions importantes :

Le 11 août fut nommé un comité permanent composé de vingt-quatre membres qui devaient se réunir journellement. Ensuite, on réorganisa la milice bourgeoise qui prit le nom de milice ou garde nationale. Les nobles y furent admis, mais sous la réserve que leurs droits aux grades ne seraient autres que ceux des bourgeois.

En 1790, lorsque le gouvernement tenta de réconcilier les partis en célébrant l'anniversaire de la prise de la Bastille, les gardes nationales du district d'Argentan envoyèrent à Paris 65 délégués.

Nous détachons le passage suivant d'une étude de Louis Duval, intitulée : « La Fédération nationale du 14 juillet 1790 et la garde nationale d'Argentan. »

Les députés des gardes nationales d'Argentan se mirent en route pour Paris le 7 juillet 1790, à six heures du matin, et le cœur rempli de joie. La musique de la ville les accompagna jusqu'à une lieue d'Argentan, ainsi que de nombreux parents, amis et curieux.

Une voiture suivait, portant les fusils et les bagages.

*D'autres voitures avaient été préparées pour les mau-
vais marcheurs. Rien donc ne manquait à l'organisation de la troupe.*

(Page 8.)

Les archives municipales d'Argentan nous apprennent que, par délibération en date du 25 août 1790,
la somme de cent livres fut accordée au sieur Séguin,
voiturier, pour avoir transporté les « armes et
bagages » de MM. les députés d'Argentan à la
confédération générale.

En 1791, le mépris de la cour à l'égard du peuple
et les décrets de l'Assemblée nationale occasionnèrent
des soulèvements.

On exigea des ecclésiastiques le « Serment civique »
en qualité de fonctionnaires civils, serment défendu
par le pape. Les personnes qui ne voulurent pas
reconnaître les règlements de la nouvelle église
furent, à Argentan, comme en divers autres endroits,
conduites à l'office sur un âne, « le visage tourné
vers la croupe ».

Le 2 avril 1791, une *Société populaire* se fonda à
Argentan afin de soutenir et de propager les prin-
cipes de 1789. Elle prit le nom de : *Société des Amis
de la Constitution.* La première réunion de cette
société se tint dans des appartements de la communauté des Jacobins.

Le 23 juin, la municipalité décida qu'il serait
fait recherche des poudres existant dans la ville,
pour les déposer à la mairie ; elle prescrivit ensuite
à la garde nationale d'arrêter tous les émigrants et
de se tenir prête à agir pour le maintien de l'ordre
public et la défense de la patrie.

Le 14 juillet, la population, le clergé et la

garde nationale se transportèrent sur la place Mahé, où était construit l'autel de la patrie, une face tournée vers la rue Papegaux, l'autre vers le boulevard Mézeray. La messe y fut célébrée, des discours y furent prononcés et toutes les personnes présentes jurèrent fidélité à la Constitution.

Enfin, le 20 janvier 1792, la municipalité d'Argentan, où le numéraire devenait de plus en plus rare, décida qu'il serait fait émission de billets de confiance de 10 sols et de 5 sols.

Bientôt le corps législatif déclara la patrie en danger et les Prussiens franchirent la frontière qu'ils trouvèrent sans défense.

La ville d'Argentan prit alors les dispositions suivantes :

1º Le Conseil est en surveillance permanente.

2º Les citoyens aptes à porter les armes sont en état d'activité.

3º Tous les citoyens, sans distinction, doivent arborer la cocarde nationale.

4º Défense à tous les citoyens de sortir sans lumière après l'heure de la retraite; arrestation immédiate des contrevenants.

Les événements se précipitent :

Les Prussiens occupent Verdun, le sang coule à Paris, la Terreur est organisée, un tribunal extraordinaire est institué, la province agit à l'instar de la capitale, tous les prêtres non assermentés sont obligés de quitter la France, la République est proclamée, Louis XVI est condamné à mort et la Convention décrète, pour défendre la patrie en péril, une levée de trois cent mille hommes.

La ville d'Argentan devait fournir une compagnie de cinquante hommes. Une proclamation fut affichée et un registre destiné à recevoir l'inscription des volontaires fut ouvert dans l'ancienne église des Capucins. Des divergences d'opinion se produisirent au sujet du mode de recrutement des non-volontaires ; les uns préconisèrent le tirage au sort, d'autres la création d'une bourse commune destinée à l'achat des hommes demandés.

Ces divergences ne tardèrent pas à partager la ville en deux camps ennemis, dont les chefs furent les citoyens Goupil de Préfelne et Belzais de Courmesnil son gendre, maire d'Argentan, du côté des « patriotes », et Barbot-Terceville, Le Cousturier de la Ducherie et Lesage du côté des « réfractaires ».

Le 14 mars 1793, après une promenade de quatre cents réfractaires dans les rues de la ville, un combat eut lieu aux Capucins entre patriotes et réfractaires. Il y eut deux tués et plusieurs blessés; Barbot-Terceville, qui était au nombre de ces derniers, fut transporté chez lui, rue des Gaules.

M. Eugène Vimont, dans son ouvrage : « Histoire d'Argentan durant la Convention », nous donne les détails suivants sur cette journée lamentable :

C'était le dimanche 10 mars que devaient avoir lieu, devant toutes les municipalités, des assemblées composées des célibataires et des veufs sans enfants, de l'âge de 18 à 40 ans. La façon dont le contingent devait être fourni était encore mal déterminée. Certains jeunes gens s'engageaient comme volontaires, d'autres payaient des remplaçants. Pour le supplément exigible, on tirait au sort.

Le samedi 9, le Conseil Général permanent se réunit à l'Hôtel-de-ville sous la présidence du citoyen Belzais-Courmesnil, maire. Il fut arrêté que le décret serait affiché aux lieux ordinaires ; que le contingent à fournir serait de 50 hommes ; que l'assemblée se tiendrait à 8 heures du matin dans le bois des Capucins et qu'il y aurait un registre ouvert pour recevoir les enrôlements volontaires ; que pendant trois jours ce même registre resterait ouvert à la maison commune pour continuer d'y recevoir lesdits enrôlements ; que le 14 mars, les citoyens de 18 à 40 ans seraient de nouveau convoqués pour choisir, à la pluralité des voix, le mode de complément jugé le plus convenable.

Enfin, pendant les 11, 12 et 13 mars, la générale serait battue soir et matin pour avertir les conscrits des besoins de la Patrie et leur rappeler combien la Convention avait confiance dans leur courage et leur patriotisme.

A Argentan, Goupil de Préfelne, ancien représentant, fut nommé, par le Directoire du district, commissaire pour surveiller les opérations du tirage. La réunion du dimanche se tint dans le bois des ci-devant Capucins, là où existent aujourd'hui les bâtiments de notre collège. Sur environ 500 hommes qui devaient se présenter et se faire inscrire, un petit nombre seulement, appartenant aux familles des patriotes, vint à l'Assemblée. Les autres se concertèrent pour ne pas paraître aux Capucins, sous le fallacieux prétexte que la crainte de troubles sérieux les empêchait d'entrer. On ne parvint donc pas, le 10 mars, à déterminer un mode de recrutement et la séance dut être levée sans résultat.

Si les conscrits ne purent s'entendre avec la Commission municipale, la responsabilité en doit retomber en

*grande partie sur Barbot-Terceville, Le Cousturier de
la Ducherie et leurs affidés qui haranguèrent les jeunes
gens non patriotes, sous les arbres des Capucins, en
leur défendant le tirage.*

*Dans ces circonstances difficiles, le maire de la ville
montra la plus grande énergie. En présence du parti-
pris des opposants d'empêcher toute réunion, le
Conseil général décida, le 10 mars même, au soir,
qu'il fallait prémunir les conscrits d'Argentan contre
les insinuations perfides des principaux meneurs.*

(Pages 17 et 18.)

Une proclamation fut alors rédigée. Le lundi, à
11 heures du matin, un officier municipal la lut dans
tous les carrefours.

*Actif, intelligent, mais fort téméraire, Barbot prit
en main la cause des conscrits et résolut de se rendre
immédiatement à Caen afin de prendre conseil des
circonstances et savoir quel parti adopter. Il passa la
journée du 12 mars à Caen, celle du 13 à Falaise.
Dans ces deux villes, les jeunes gens avaient décidé
qu'ils ne tireraient pas mais qu'ils feraient une bourse
commune suffisante pour payer des remplaçants.*

*La nouvelle du départ de Barbot pour Caen fut bien
vite connue de toute part et excita une grande animation,
une véritable effervescence dans les deux partis. La
municipalité résolut, le 13 mars, de convoquer d'urgence
une seconde assemblée, pour le lendemain à 8 heures
du matin, dans le chœur de l'église des Capucins.*

. . . .

*Barbot-Terceville revint en poste, à Argentan, le
13 dans l'après-midi. Il demeurait chez son beau-*

frère, M. Renoust des Orgeries, fils, au bas de la rue des Gaules, ses amis vinrent aux informations :

— Que comptez-vous entreprendre demain ?

— Il n'y aura pas de tirage. Nous ferons une bourse commune.

. . . .

La municipalité était au courant de tout ce qui se passait. Ne sachant trop quels événements imprévus pourraient survenir le jour du tirage, l'on mit aux Capucins un poste de douze gardes nationaux. Ce poste avait pour chef un individu éprouvé, énergique, d'une grande fermeté de caractère, le capitaine Tabouret-Moissonnière, dans lequel les patriotes avaient une extrême confiance.

Dès le matin, Barbot-Terceville avait revêtu son uniforme de capitaine de la garde nationale. Il avait mis son sabre en bandoulière, ce qui lui donnait une plus grande autorité sur les jeunes gens qui désiraient comme lui que le tirage n'eût pas lieu. Il plaça dans les principales rues qui avoisinaient le Cours et les Capucins des hommes choisis parmi ses partisans les plus actifs. Tous restèrent à leurs postes jusqu'au moment où s'engagea la lutte. Ils avaient ordre de dire aux garçons qui arrivaient : « Si vous ne voulez pas tirer au sort, allez délibérer au Cours ! »

. . . .

A 8 heures et demie, lors de l'arrivée des officiers municipaux, et malgré une pluie fine qui tombait, Barbot-Terceville fit mettre 4 par 4 tous les garçons qui étaient sous les arbres des Capucins. Tous se soumirent docilement aux ordres de leur chef ; puis, sur un signe de celui-ci, disparurent sur le champ « comme une volée de pigeons » et marchèrent vers le Cours, lieu de rendez-vous général assigné.

. . . .

La conduite de ces garçons qui se réunissaient au Cours pour délibérer était une désobéissance formelle à la loi, car il ne pouvait y avoir d'autre assemblée régulière que celle des Capucins.

(Page 25 et suivantes.)

. . . .

L'imposante promenade des quatre cents réfractaires à travers les principales rues d'Argentan augmenta encore l'effroi de la masse des citoyens, en faisant croire que la résistance à la loi était solidement organisée par Terceville. Les cris poussés aux carrefours et dans divers autres endroits furent complètement dénaturés et cette promenade pacifique devint une manifestation royaliste.

. . . .

Après le passage des réfractaires, des groupes se formèrent partout. Les patriotes s'armèrent. On parlait de combat, de bataille, on allait aux nouvelles. Les rues, la place du Grand-Carrefour, la place Mahé et la place des Capucins se remplissaient d'une masse d'hommes et de femmes avides de savoir ce qui allait arriver. Les idées les plus sanguinaires germaient dans les cerveaux, on ne rêvait que meurtres et massacres. Il fallait couper la tête des royalistes et débarrasser la République de ses impitoyables ennemis toujours prêts à tout entreprendre contre elle. On désignait les victimes et l'on parlait d'aller assiéger leurs maisons. Le vent était au crime. Le temps se mettait de la partie : le ciel était sombre, le froid humide et une pluie fine tombait presque sans discontinuer.

(Pages 50 et 51.)

. . . .

Les réfractaires se rendirent aux Capucins.

Les détails suivants sont extraits du réquisitoire adressé le 18 mars au Conseil général par le Procureur de la commune.

Ces individus se portèrent à la maison des ci-devant Capucins et attaquèrent les citoyens qui formaient la garde que vous aviez requise pour maintenir le bon ordre. Ils désarmèrent quelques-uns des gardes après les avoir terrassés et les maltraitèrent avec des pistolets et des pierres. Ces braves citoyens auraient infailliblement succombé sous le grand nombre sans la bravoure de citoyen Tabouret-Moissonnière qui commandait le poste et de ses intrépides camarades. Les lâches séditieux eurent le sort que méritait leur crime, d'autres furent blessés...

Alors sur le cri public un grand nombre de citoyens furent arrêtés et mis en prison.

Dans une réunion organisée par les *Amis de la Constitution* et qui se tint dans le couvent des Jacobins le 19 mars, un membre annonça « la présence du citoyen Tabouret-Moissonnière, ce brave et généreux patriote qui renversa d'un coup de feu le traître Barbot-Terceville, chef du parti agresseur. »

Revenons à l'ouvrage de M. Eugène Vimont, à l' « Histoire d'Argentan durant la Convention. »

Barbot-Terceville, écrit M. Vimont, *après avoir lutté contre son collègue, le capitaine Tabouret-Moissonnière, fut défendu par les commissaires et les garçons des premiers rangs qui entrèrent dans la cour du couvent pour le retirer des mains de son adversaire. Plusieurs témoins ont assuré que deux coups de feu seulement furent tirés sur le chef des réfractaires. Barbot tomba. Pendant que la plupart des commissaires fuyaient le lieu de la bataille et s'échappaient de toute part, Le Cousturier de la Ducherie relevait son infortuné et malheureux ami qui baignait dans son sang.*

La Ducherie trouva un conscrit en blouse et quatre autres jeunes gens de bonne volonté qui l'aidèrent à emporter Barbot à son domicile, rue des Gaules.

. . . .

Les arrestations continuaient toujours. Les rues se remplissaient d'hommes armés venus des communes voisines et de femmes exaltées qui poussaient des cris de mort contre les chefs des réfractaires, contre les aristocrates et les suspects. Tous savaient que Barbot était dans son lit, grièvement blessé.

Vers une heure de l'après-midi, l'étroite rue des Gaules se garnissait peu à peu de gens de mauvaise mine et de filles échevelées qui réclamaient la mort de Barbot et qui hurlaient devant la fenêtre où se mourait le pauvre capitaine : « A mort Barbot !

A mort Barbot ! » Un vaurien d'Ecouché, le nommé Vanier, dit Quarante sols, *était à la tête de cette bande sanguinaire. Suivi de plusieurs forcenés, le citoyen Vanier pénétra jusqu'à la chambre de Barbot, agonisant et hors d'état de faire un mouvement pour se défendre.*

Le spectacle offert par ce jeune homme de 34 ans qui était encore plein de vie, de force et de santé le matin même, la vue de cette sœur en larmes, eussent dû apitoyer le cœur de ces hommes féroces. Peut-être un mouvement de généreuse pitié eût-il ému Vanier et ses complices. Mais la foule hurlante s'impatientait sous les fenêtres de l'habitation. Les cris de mort étaient plus fréquents. On trouvait que Vanier mettait trop de temps à accomplir sa funèbre mission.

Tout à coup, Vanier saisit Barbot par les cheveux, le tire tout sanglant et inanimé de son lit, applique son cou sur le dos ou le bâton d'une chaise, puis il lui coupe lentement la tête avec un mauvais sabre... La misérable besogne accomplie, Vanier ouvre la croisée, prend la tête de Barbot, la montre à la foule qui trépigne de joie, puis la jette dans la rue. Une fille relève ce trophée dégouttant de sang, le plante au bout d'une pique et le porte en triomphe à travers les rues de la ville, au milieu des vociférations d'une populace déchaînée que nul frein n'arrête...................
....cette mégère s'arrêtait de maison en maison, heureuse de contraindre les curieux postés aux fenêtres à regarder de plus près la tête du malheureux assassiné qu'elle leur approchait du visage. Ce qui frappait tout le monde d'horreur, c'était la vue du sang qui tombait goutte à goutte sur la longue robe blanche dont était vêtue ce jour-là cette triste héroïne... ....

Lasse enfin de s'être partout offerte en spectacle à tous les regards avec son horrible fardeau, la furie furieuse rentra le soir chez elle, tenant à la main son sanglant trophée.

(Page 61 et suivantes.)

Plusieurs blessés moururent des suites de leurs blessures. De nombreuses personnes furent incarcérées rue de la Vieille-Prison nᵒ 1.

Après avoir relaté brièvement l'assassinat de Barbot-Terceville, J.-A. Germain ajoute, dans son « Histoire d'Argentan » :

Sa tête, séparée du tronc, est mise au bout d'une pique et promenée dans la ville. Le nommé Michel Huquet, de la commune de la Ferrière, arrivant à Argentan, paraît effrayé d'un pareil trophée ou plutôt témoigne de la compassion pour la victime. Il n'en faut pas davantage pour exciter les assassins ; il tombe sous leurs coups.

(Page 433.)

On lit aussi dans le même ouvrage :

L'église Saint-Germain d'Argentan subit de grandes dévastations de la part des révolutionnaires. Les cloches furent brisées, les statues des saints renversées ; elle fut aussi dépouillée de ses tableaux, de ses tapisseries, de ses grilles en fer et des plombs de sa toiture.....

(Page 268.)

Le 17 mars, deux commissaires sont désignés pour aller à la poste, à l'arrivée des courriers à Argentan,

*avec autorisation de violer le secret des lettres et d'ap-
porter à la mairie celles qui leur paraîtront suspectes.*

*Marat venait d'être assassiné par Charlotte Corday.
Des commissaires sont nommés pour vérifier chez
Corday, son père, qui habitait Argentan, s'il ne s'y
trouve pas de correspondance criminelle (1).*

(Page 433.)

En août 1793, la municipalité établit la liste des
suspects d'Argentan et ordonna des perquisitions
à leurs domiciles.

Nombre d'entre eux furent enfermés aux Capucins, ces bâtiments ayant été convertis en maison
d'arrêt.

En 1794, Argentan ne possédait pas encore
d'arbre vif de la liberté. Un peuplier sec qui avait
été mis au bas de la place Henri-IV, appelée, à
cette époque, « rue de la Montagne » puis « place
de la Liberté », en tenait lieu. Le 18 février, vers
cinq heures de l'après-midi, on planta « au lieu et
place du premier » un peuplier d'Italie vivant
« orné de rubans tricolores en l'honneur de la
liberté ». Une fête fut organisée pour la circonstance,
fête qu'on termina en chantant et en dansant autour
de cet arbre.

Peu de temps après, l'inscription « Temple de la
Raison » qui avait été placée au frontispice de l'église
Saint-Germain fut remplacée par les mots : « Le
Peuple français reconnaît l'Etre suprême .»

----

(1) Voir notre *Histoire de la Poste à Argentan.*

Dans le « Temple de la Raison » quatre bustes avaient été installés ; ces bustes, qui représentaient Brutus, Chalier, Marat et Lepelletier, furent transportés dans la chapelle des Jacobins puis remplacés par ceux de Rousseau, Voltaire et Descartes.

Pendant la Révolution, la rue des Capucins ou du Collège s'appela *rue de la Victoire*.

En juin 1794, eut lieu une fête « en l'honneur de l'Etre suprême ».

« La Fête des époux » et la « Fête de la Reconnaissance et de la Victoire » furent célébrées en 1795.

Le 20 mai 1795, la *Société populaire d'Argentan* cessa d'exister.

Dans notre région, la lutte contre la Révolution se termina dès les premières années du xixe siècle (1).

(1) Notre *Histoire de la Poste à Argentan* contient divers renseignements sur Argentan à l'époque de la chouannerie.

CHAPITRE X

De la Révolution jusqu'à nos jours

Nous n'avons, tout d'abord, à citer que quelques faits peu importants :

Le collège, créé par arrêté des consuls du 30 avril 1803, fut ouvert sous le nom d'Ecole secondaire communale, le 22 mars 1804, dans les bâtiments que la Révolution avait confisqués aux Capucins.

Dans le courant de 1810, l'autorité municipale fit placer sur le sommet du grand clocher de Saint-Germain un aigle en cuivre doré, aux ailes déployées ; dans ses serres il tenait la foudre et était posé sur la boule du monde ; il avait deux mètres soixante-six centimètres de hauteur, trois mètres soixante-six centimètres d'envergure, de grosses lettres dorées indiquaient les quatre points cardinaux, et l'aigle se trouvait tellement ajusté que la brise la plus légère le faisait osciller. On raconte que l'ouvrier qui plaça l'aigle sur le principal clocher de l'église Saint-Germain monta sur les ailes de l'oiseau puis tira deux coups de pistolet, pour indiquer à la population qu'il avait parfaitement réussi dans sa périlleuse entreprise. Il a été descendu et brisé en 1815, des morceaux on a composé un coq qui tient sa place et indique les aires de vent.

(Histoire d'Argentan, par J.-A. Germain, page 270.)

En 1811, Napoléon Ier et Marie-Louise passèrent à Argentan pour aller visiter le port de Cherbourg ; les habitants firent hommage à l'impératrice du livre de prières de Marguerite de Lorraine, que l'on avait trouvé dans le monastère qu'elle avait fondé en 1517.

La même année, à l'occasion de la naissance du roi de Rome, Argentan voulut couronner deux rosières. Chacune d'elles devait recevoir une somme de 1.200 francs et devenir la femme d'un ancien soldat de la République ou de l'Empire. Le nombre des prétendantes fut considérable et le jury difficile; malgré d'actives recherches, on ne put rencontrer qu'une seule personne digne de recevoir le prix. Une seule, en effet, reçut le *chapel de roses*, avec une bourse de soie verte renfermant la somme promise.

En 1814, sous la première Restauration, l'arbre de la Liberté, qui se trouvait place Henri-IV, fut abattu, les palissades qui le protégeaient furent supprimées et la place que l'on appelait alors « Place de la Liberté » reprit le nom de « Grande » ou « Belle-Croix ». Peu de temps après elle reçut le nom de Place Henri IV, le Conseil municipal considérant « qu'il ne devait laisser échapper aucune occasion d'exprimer son amour et son dévouement à l'auguste famille des Bourbons et de proscrire des noms propres à rappeler de douloureux souvenirs ».

On trouve dans « Le Moniteur » les deux lettres que nous reproduisons ci-dessous ; la première fut adressée à l'empereur Napoléon, la seconde au roi Louis XVIII :

Argentan, 24 mars 1815. — Les soldats de la grande armée, disent les officiers en retraite et à demi-solde de cet arrondissement, peuvent seuls sentir ce que nous éprouvons en apprenant votre entrée, Sire (Napoléon), dans votre capitale embellie par vos mains et orgueilleuse de vos triomphes.

(Moniteur du 30 mars 1815.)

Argentan, 9 juillet 1815. — Notre ville a reçu avec le plus vif enthousiasme la nouvelle de l'entrée du Roi (Louis XVIII) à Paris. Une réunion spontanée de citoyens de tous les ordres s'est formée pour témoigner par une réjouissance publique les sentiments dont ils étaient animés ; Mme Cromot-Dubourg leur a permis de couper les plus beaux arbres de sa forêt pour célébrer, par de nombreux feux de joie, l'heureux jour où un père chéri a été rendu à ses enfants.

(Moniteur du 15 juillet 1815.)

En 1815, lors de l'occupation allemande, le général prussien de Ryssel établit son quatrier général à Argentan et la ville pourvut à toutes ses dépenses.

Nous prenons les passages suivants dans les comptes rendus des séances du Conseil municipal :

Délibération du 1er août 1815.

M. le Maire a représenté qu'il vient de lui être adressé par M. le Sous-Préfet un extrait d'une lettre de M. le Préfet annonçant l'arrivée dans cette ville et dans l'arrondissement d'une délégation des troupes prussiennes, que M. Pihan s'est chargé de subvenir aux fournitures et subsistances de différentes natures que leur résidence ou passage pourrait nécessiter et que MM. les Sous-Préfets et Maires sont invités à le seconder de toutes leurs ressources dans ce service.

Délibération du 5 août 1815.

A l'ouverture de la séance, M. le Maire (de Robillard) a fait part au Conseil que M. le Commandant de place prussien lui avait fait demander un guide à cheval en permanence toutes les nuits pour conduire les fréquentes ordonnances qu'il est obligé d'envoyer partout dans les communes éloignées des grandes routes, qu'il a fait prix avec le sieur Choisel aubergiste à raison de deux francs et avec le nommé Hunel pour le même prix parce que l'un et l'autre se sont engagés à se tenir prêts à toute réquisition. Le nommé Hunel servira de guide et le sieur Choisel fournira le cheval...

Délibération du 12 septembre 1815.

M. le Maire a représenté que M. le général de Ryssel ayant établi le 9 de ce mois son quartier général à Argentan il a été requis de lui fournir une table de six couverts au moins chaque jour ; que pour cet effet il s'est adressé au sieur Dolmagne, traiteur, qui jusqu'à ce jour a servi M. le Général, mais que ce particulier ne peut continuer cette entreprise sans avoir la garantie d'un payement assuré, garantie que M. le Maire ne peut lui procurer sans l'autorisation du Conseil, c'est pourquoi il demande qu'il soit pris à cet égard une détermination prompte et efficace. Vu l'urgence des circonstances et pour mettre le Conseil à même de juger de cette dépense avec connaissance de cause il l'a estimée à soixante-douze francs par jour sans y comprendre l'extraordinaire qui ne manquera pas de l'élever plus haut chaque fois qu'il plaira d'inviter à M. le Général.

Le Conseil, après avoir mûrement réfléchi sur cette question s'est déterminé, vu l'urgence, et a arrêté qu'il serait imposé sur chaque contribuable à la contribution mobilière une somme de vingt centimes pour franc destinée à subvenir à la dépense de la table de M. le général de Ryssel.

Organe de la Commission des subsistances, un membre a représenté au Conseil que, malgré les peines non interrompues que la Commission s'est données pour assurer les distributions de subsistances aux troupes prussiennes, on ne peut suffire à la délivrance des boissons ; que jusqu'à ce jour on a acheté à Falaise la bière nécessaire, dont on supporte le transport, ce qui ajoute encore au prix principal, mais que la quantité de troupes stationnées dans cette dernière ville absorbe pour ainsi dire tous les produits de la fabrique qui y est établie et que ce n'est que par des sollicitations et en payant comptant qu'on obtient, de loin en loin, quelques pièces du brasseur, mais dans une proportion infiniment au-dessous des besoins journaliers, que déjà on a été forcé de recourir au cidre et que malgré cette augmentation de dépense le soldat qui ne connaît que son règlement réclame journellement de la bière et saisit ce prétexte pour tourmenter l'habitant qui ne peut lui en procurer.

Qu'il est également impossible de lui délivrer du vin puisqu'il n'est pas la boisson du pays et qu'il ne s'y récolte pas.

- Que le seul moyen qui reste à la disposition du Conseil est d'entreprendre une fabrication de bière au moyen de laquelle la ville s'affranchirait du tribut onéreux qu'elle paye au fabricant de Falaise, que cette entreprise pourrait se faire avec succès et sans une excessive

dépense, qu'un ancien brasseur domicilié en cette ville possède encore une partie des instruments nécessaires à l'exception de la chaudière qu'on pourrait acheter d'un particulier d'Alençon...

Après délibération le Conseil arrête :

Art. 1.

Il sera établi une brasserie dans le local des ci-devant Jacobins où il sera fabriqué de la bière pour le compte de la ville.

Art. 2.

Pour subvenir à cette dépense, il sera fait appel à la générosité des contribuables qui seront invités à concourir à cet établissement dans la proportion de leur contribution mobiliaire...

Art. 4.

Le taux de cette prestation est fixé à vingt centimes pour franc, elle procurera, par aperçu, une somme de quinze cents francs...

Art. 6.

Cet établissement est placé sous la surveillance immédiate de M. le Maire et de la Commission des subsistances. Les dépenses dûment justifiées seront admises dans les comptes qui en seront rendus au Conseil.

15

Délibération du 26 septembre 1815.

M. le Maire fait part à l'Assemblée du départ de M. de Molitor qui depuis deux mois a rempli les fonctions de Commandant de place de cette ville ; que cet officier emporte avec lui les regrets de tous les habitants d'Argentan auxquels par la fermeté de son attachement il a évité un grand nombre de vexations en maintenant la plus sévère discipline parmi les troupes soumises à ses ordres...

Une somme de quatre cents francs est accordée à titre de gratification à M. de Molitor.

Le dernier clocher de Notre-Dame-de-la-Place fut détruit vers 1820, Il existe encore des vestiges de cet ancien monastère. Le sanctuaire fait partie de l'hôtel du *Petit point de France*. La maison abbatiale, le chapitre et les salles communes du cloître sont occupés par la gendarmerie.

A cette époque on planta les arbres du Cours Saint-Martin qui n'était qu'un emplacement vague appelé « Place de l'Herbier ».

En 1821, un incendie consuma le moulin à vent établi à Argentan sur le chemin vicinal d'Alménèches. Cet accident fut attribué à la trop grande rapidité du mouvement de rotation des mécanismes et non à la malveillance. Le meunier ne put parvenir à arrêter les roues. Malgré ses efforts et ceux des habitants qui s'y portèrent, cet établissement fut détruit en totalité.

Dans le même temps disparurent les halles aux grains de la place des Vieilles-Halles. Lorsque ces halles furent supprimées la place ou rue des Vieilles-Halles fut plantée d'arbres et convertie en promenade publique.

En 1823, mourut, à Argentan, Belzais-Courménil, Joachim, qui était, depuis vingt-deux ans, curé de cette localité. Nous trouvons les détails suivants dans le *Musée biographique* de M. de Colleville :

On l'embauma, et, revêtu des habits sacerdotaux, on le promena solennellement, assis et attaché dans un fauteuil, dans toutes les rues de la ville. Ensuite, on l'exposa dans l'église Saint-Germain pendant deux jours à la vénération publique.

(Page 13).

En 1824, le projet de construire un hôtel de ville et une halle pour les grains est adopté par le Conseil municipal. L'emplacement choisi est celui du couvent des Jacobins, cédé à la ville par le Gouvernement. (Vers 1815 le marché aux grains avait été transféré dans la Grande-Rue.) La construction d'une route départementale reliant Argentan à Vimoutiers est également décidée.

Le 27 mai 1827 est posée la première pierre de l'Hôtel de Ville d'Argentan.

On lit à ce sujet dans l'*Histoire d'Argentan* de J.-A. Germain :

La communauté des Dominicains d'Argentan fut supprimée en 1790. Sauf quelques dégradations, l'église et les bâtiments furent conservés, les biens vendus comme propriétés nationales. Les immeubles servirent longtemps de magasins et de casernes. Le couvent des Dominicains fut enfin rasé ; sur son

*emplacement on a construit en 1827 un bâtiment qui
sert de halle aux grains, de municipalité, de tribunal de
commerce et de paix. La première pierre de taille du
cordon d'assise de cette construction, à l'angle du côté
nord-nord-est, a été creusée ; une petite caisse, renfermant des pièces au millésime de 1827, y est encastrée.
Le parc, anciennement planté de vignes, est aujour-
d'hui planté de tilleuls, ormes et marronniers et disposé
pour servir de promenades publiques. Le milieu sert
de champ de foire. La place, devant la nouvelle mairie,
présente un carré parfait, enfermé par des chaînes en
fonte et des bornes en granit.*

(Page 286.)

En 1828, les religieuses de l'Education chrétienne
fondent un établissement d'instruction dans cette
ville. Cet établissement est devenu l'Institution
Jeanne d'Arc.

En 1830, Charles X, partant pour l'exil, accompagné de sa famille, arriva le 4 août à Argentan.
Sa présence ne donna lieu à aucune manifestation. Il
descendit dans une maison du Cours Saint-Martin
(nº 62), l'hôtel Viel Raveton, qui est actuellement la
Recette des finances ; il y resta quelques jours et
gagna Cherbourg où il s'embarqua pour l'Angleterre.

En 1833, on établit à Argentan une école gratuite
pour les garçons et l'année suivante, au collège, une
école primaire supérieure à laquelle une école élé-
mentaire fut adjointe.

Divers autres cours furent ouverts dans cette ville
de 1837 à 1840.

Vers 1836, l'hôpital Saint-Louis et sa chapelle
disparurent, l'administration de l'hôpital ayant

vendu cet établissement et concentré à Saint-Thomas l'hospice des valides et celui des malades.

De temps immémorial, il existait, aux quatre faces du clocher de l'église Saint-Germain, des cadrans horaires ; la mécanique motrice des aiguilles était indépendante de celle de l'horloge. Par délibération du conseil municipal d'Argentan, du 30 novembre 1840, le maire est autorisé à faire descendre ces cadrans qui ne doivent pas être remplacés.

(*Histoire d'Argentan*, de J.-A. Germain, page 269.)

Ce fut en 1840 que les religieuses de la Miséricorde vinrent s'installer à Argentan et que de nouveaux bâtiments et une chapelle furent ajoutés à l'ancien couvent des Capucins transformé en collège.

De 1841 à 1845, la municipalité acheta de vieilles maisons qui encombraient la rue Saint-Germain, les fit disparaître et perça la rue de l'Hôtel-de-Ville.

En 1842 fut commencée la construction de la halle-annexe, qui se trouve à droite de l'Hôtel-de-ville, ainsi que celle du théâtre.

Il existe, au pied de l'église Saint-Martin, une fontaine de l'eau la plus limpide et la plus saine, qui alimentait un ancien étang. Cette fontaine était toujours restée découverte, l'autorité municipale l'a fait couvrir en 1843 et y a fait placer une pompe pour l'utilité publique.

(*Histoire d'Argentan*, de J.-A. Germain, page 272.)

La même année, le grand pont de Saint-Jacques, qui présentait des dangers pour les voitures, à cause de l'élévation de son sommet, fut aplani et son pavage remplacé par un empierrement.

En 1844, la place des Capucins, qui s'appelle aujourd'hui place du Collège et sur laquelle se tenaient autrefois les foires aux chevaux, fut débarrassée des dépôts de bois qui l'encombraient, nivelée et plantée d'arbres.

En 1845, M. Lerot construisit l'horloge du collège et deux cadrans suspendus installés l'un rue Saint-Germain, l'autre rue du Beigle.

Le cadran suspendu de la rue Saint-Germain a été refait en 1887 par M. Loret, celui de la rue du Beigle n'existe plus.

Nous continuons ce chapitre en donnant quelques détails sur des faits qui sont, par leur importance ou leur actualité, particulièrement intéressants.

ARMOIRIES DE LA VILLE D'ARGENTAN

En 1827, Charles X, par lettres-patentes en date du 29 janvier, « confirma », pour Argentan, les armoiries suivantes : « *D'argent à une aigle de sable* » ; armoiries qui avaient été « réglées », en 1696, par édit royal.

Nous reproduisons, ci-dessous, la lettre de confirmation de Charles X ; l'original de cette pièce fait partie du chartrier de l'Hôtel de Ville d'Argentan.

CHARLES, PAR LA GRACE DE DIEU,
ROI DE FRANCE ET DE NAVARRE,
A TOUS PRÉSENS ET A VENIR, SALUT.

Le Roi, notre auguste frère et prédécesseur, voulant donner aux fidèles sujets des Villes et Communes de son Royaume un témoignage de son affection, et perpétuer le souvenir des services que leurs ancêtres ont rendus aux Rois nos prédécesseurs, services consacrés par les Armoiries qui furent anciennement accordées aux dites Villes et Communes, et dont elles sont l'emblême, a, par son ordonnance du 26 septembre 1814, autorisé les Villes, Communes et Corporations du Royaume à reprendre leurs anciennes Armoiries, à la charge de se pourvoir à cet effet par devant la Commission du Sceau, se réservant d'en accorder à celles des Villes, Communes et Corporations qui n'en auraient pas obtenu des Rois nos prédécesseurs ; et, par autre ordonnance du 26 décembre suivant, lesdites Villes, Communes et Corporations ont été divisées en trois classes.

En conséquence, le Maire de la ville d'Argentan, département de l'Orne, autorisé à cet effet par délibération du Conseil municipal du vingt-huit mai mil huit cent vingt-cinq, s'est retiré par devant notre Garde des Sceaux, Ministre et Secrétaire d'Etat au département de la Justice, lequel a fait vérifier, en sa présence, par notre Commission du Sceau, que le Conseil municipal de ladite Ville d'Argentan a émis le vœu d'obtenir de notre grâce des Lettres-Patentes portant confirmation des Armoiries suivantes : D'Argent à une Aigle de Sable, *lesquelles armoiries ont été ainsi réglées par l'Edit du Roi de 1696.*

Et, sur la présentation qui nous a été faite de l'avis de notre Commission du Sceau, et des conclusions préalables du Conseiller d'Etat Commissaire pour nous au Sceau, nous avons autorisé et nous autorisons la Ville d'Argentan à porter les armoiries ci-dessus énoncées, telles quelles sont figurées et coloriées aux présentes. Mandons à nos amés et féaux Conseillers en notre cour royale séante à Caen de publier et enregistrer les présentes : Car tel est notre bon plaisir.

Et, afin que ce soit chose ferme et stable à toujours, notre Garde des Sceaux y a fait apposer, par nos ordres, notre grand Sceau, en présence de notre Commission du Sceau. Donné à Paris, le vingt-neuvième jour de janvier de l'an de grâce mil huit cent vingt-sept et de notre règne le troisième.

CHARLES.

Les armoiries actuelles présentent une aigle monocéphale tandis que les anciennes contenaient une aigle bicéphale.

A quelle époque et pour quel motif cette modification a-t-elle été apportée ? Aucun document ne nous renseigne à ce sujet. Nous savons seulement :

Que le *Registre du Corps de Ville d'Argentan*, commencé en 1658 et revêtu d'une reliure de l'époque, porte sur ses plats une aigle à deux têtes, surmontée d'une couronne de comte.

Que la *Délibération générale, prise à l'Hôtel-de-Ville d'Argentan, de l'ordre du Tiers-Etat*, du 10 décembre 1788, imprimée à Alençon chez Mme veuve Malassis l'aîné, 1788, porte en tête les armes suivantes : D'or, à l'aigle à deux têtes de sable, dans un cartouche style xviiie siècle, couronne de comte.

Il semble donc que l'aigle à deux têtes sur fond d'or ait précédé, dans les armes d'Argentan, l'aigle à une seule tête sur champ d'argent et ait été employée même après l'édit de 1696...

Ajoutons que la délibération du 28 mai 1825 ne contient aucun renseignement relatif à la composition des armoiries d'Argentan.

GUERRE DE 1870-1871

L'invasion réelle du département de l'Orne ne commença que le 8 janvier 1871, c'est-à-dire lorsque s'acheminèrent vers Le Mans les renforts considérables destinés à seconder, sous les murs de cette ville, l'armée du prince Frédérick-Charles qui venait de Blois et de Tours.

Le dimanche 15 janvier, à midi, s'engagea le combat d'Alençon ; le soir du même jour cette ville tombait au pouvoir de l'ennemi.

Dans la nuit du 16 au 17 janvier, le général Dargent, commandant le 19e corps à Cherbourg, télégraphiait au général Girard :

Il est utile d'occuper Argentan jusqu'à ce que les mouvements de troupes et de matériel prescrits par le ministre de Cherbourg sur Domfront soient effectués.

Laissez au général à Sées le soin de diriger les derniers envois de troupes et de matériel dans le plus bref délai possible et portez-vous de votre personne à Argentan avec 6.000 hommes de votre meilleure infanterie et 2 batteries au moins.

Je prescris au général Malherbe, qui est à La Ferté-Macé avec 8 à 10.000 hommes, de remonter parallèlement à la marche des Prussiens en évitant tout engagement avec eux pour se tenir à votre disposition.

Vous comprenez le danger qu'il y a pour la concentration du 19ᵉ corps et pour assurer ses approvisionnements à ce que nous ne maintenions pas la voie assurée à Argentan jusqu'à ce que tout vous soit parvenu. Nous ne pouvons arriver à tout réunir que dans 3 jours avec la voie ferrée passant à Argentan et si nous la perdions il nous faudrait au moins 6 jours pour obtenir ce résultat.

Le 19, toutes les informations semblant concorder pour démontrer qu'Argentan allait être cerné, le général Girard, qui commandait alors dans cette localité, résolut de se replier sur Falaise pour gagner Flers où l'administration départementale s'était transportée.

La division Girard quitta Argentan le 20, à 7 heures du matin.

Arrivée à Falaise, elle rencontra la division Saussier.

Avant même que les billets de logement fussent distribués, les deux généraux reçurent l'ordre de combiner leurs efforts pour reprendre Argentan à tout prix...

Un conseil de guerre eut lieu. Il y fut décidé que le lendemain 21 les divisions Girard et Saussier marcheraient sur Argentan et qu'elles y entreraient coûte que coûte.

Le 21 janvier, à neuf heures du matin, commença le mouvement de retour sur Argentan ; la division

Girard avançant directement vers l'ennemi, la division Saussier prenant à droite par la route d'Ecouché.

Chemin faisant, on apprit que les Prussiens n'avaient point occupé Argentan... et que, par conséquent, l'entrée de la ville ne serait pas disputée à nos troupes.

Peu de temps après, parvint la nouvelle de la capitulation de Paris et de la signature d'un armistice.

GUERRE DE 1914-1919

Argentan, comme la plupart des villes de France, fut cruellement éprouvé par la guerre de 1914-1919.

Cette ville, qui n'avait perdu que quatre de ses combattants en 1870 et qu'un seul lors de la campagne du Tonkin, doit graver cent quarante six noms sur le marbre du monument qu'elle se propose d'élever à la mémoire de ses soldats morts pendant la Grande Guerre.

D'après une récente décision du Conseil municipal, ce monument serait érigé au milieu du jardin public et celui de l'historien Mézeray transféré dans les promenades du donjon.

POSTE AUX CHEVAUX

CHEMINS DE FER ET TRAMWAYS

Le dernier relais de la poste aux chevaux d'Argentan était situé ruelle de la Poste, dans la propriété actuellement occupée par Mlle Dervillé.

Ce relais comprenait plusieurs écuries ; l'une,

qui pouvait contenir de huit à dix chevaux, existe encore ; les autres ont été transformées ou détruites.

Dans ces dernières fut découverte une vierge de pierre que Mlle Dervillé a conservée.

On attelait ruelle de la Poste. Pour gagner leurs routes respectives, la plupart des attelages étaient, par conséquent, obligés de traverser la ville. Or, la rue de la République n'existait pas, les postillons n'avaient donc le plus souvent à leur disposition que des passages étroits et des détours brusques; aussi, leur tâche présentait-elle, au départ comme à l'arrivée, des difficultés sérieuses.

Les voitures utilisées pour le transport des voyageurs n'offraient pas toujours tout le confort désirable.

On lit, en effet, dans une requête rédigée par les officiers municipaux d'Argentan le 14 avril 1792 :

Que nonobstant les conditions acceptées par la société des messageries, elle n'entretenait, sur la route d'Alençon à Caen, qu'une lourde voiture mal couverte, très incommode, traînée par quatre chevaux qui n'allaient qu'au pas ; manière de voyager extrêmement préjudiciable au public qui perdait beaucoup de temps et se voyait contraint à beaucoup de dépenses.

A la même époque, les routes de notre région laissaient aussi fort à désirer. Dans la préface de « Tournebut » Victorien Sardou écrivait :

Les routes, à l'abandon depuis 1792, sont ravinées par des ornières si profondes que pour les éviter les voitures font de longs circuits dans les terres labourées.

Les chaises de poste glissent et s'enlisent dans des fondrières boueuses d'où on ne les tire qu'en y attelant des bœufs.

A Argentan, les premières études pour l'installation des chemins de fer eurent lieu en 1844 et 1845.

Dix ans plus tard, les travaux étaient fort avancés.

Nous détachons le passage suivant de l'*Almanach de l'Orne* pour l'année 1856.

Enfin le département de l'Orne va jouir prochainement de ces moyens de transport sans lesquels son commerce et son industrie ne pourraient soutenir la concurrence des provinces qui en sont déjà favorisées. L'embranchement du Mans à Mézidon est achevé jusqu'à Alençon et doit prochainement être livré à la circulation ; les travaux se poursuivent avec une grande activité de Sées à Argentan, et ils ne tarderont pas à toucher à leur terme.

D'un autre côté, les cinq compagnies des chemins de fer de Paris à Saint-Germain, de Paris à Rouen, de Rouen au Havre, de Caen à Cherbourg et de l'Ouest se sont réunies en une seule association à laquelle le Gouvernement a fait une concession générale de toutes ces lignes, dont la durée, fixée à 99 ans, commencera à courir du 1ᵉʳ janvier 1858.

En compensation des avantages obtenus, l'association s'est engagée à exécuter plusieurs nouveaux embranchements, dont deux surtout intéressent notre département : 1° un embranchement dirigé d'un point soit de la ligne de l'Ouest, soit de la ligne de Paris à Caen, sur le chemin de fer de Mézidon au Mans, se portera sur ce dernier chemin en passant par ou près Laigle ;

2º un chemin de fer sera dirigé d'Argentan à Granville
en passant par ou près Vire. Ces deux dernières entre-
prises doivent être achevées dans l'espace de neuf ans.
Ainsi le département de l'Orne, sillonné du midi au
nord par le chemin d'Alençon, de l'ouest à l'est par ceux
de Granville et de Laigle, prendra rang parmi les dépar-
tements les plus favorisés sous le rapport des communi-
cations rapides.

Argentan, où se croisent aujourd'hui les voies
ferrées Paris-Granville et Caen-Le Mans, a été
relié en 1913 à Trun, Boucé, Rânes et Carrouges par
une ligne de tramways.

AVIATION

Les premières expériences d'aviation offertes aux
Argentanais eurent lieu sur le champ de courses en
1909. Nous prenons les lignes suivantes dans l'*Alma-*
nach de l'Orne pour l'année 1910 :

La grande attraction qui, à certains jours, remplit
la ville d'Argentan de plus de cinq mille visiteurs, fut
la présence de l'aviateur Delagrange. De bonne heure,
Delagrange, le lundi matin, se livrait à un premier essai
et effectuait trois vols très réussis. Malheureusement,
le vent devenu contraire ou trop fort, au grand mécon-
tentement des spectateurs, empêcha toute autre expé-
rience durant la journée. Il en fut de même le
lendemain mardi. Le public, patient d'abord, commença
à se fâcher et à invectiver l'aéronaute. Delagrange,
malgré les obstacles qu'il prévoit, tente l'épreuve et
obtient un demi-succès qui satisfait la foule.

La séance de la troisième journée fut splendide. La foule, toujours nombreuse, put voir, cette fois, s'effectuer une série de vols de hauteur et d'étendue diverses. La nouvelle, promptement répandue, de ce succès attira le lendemain un nombre de spectateurs plus considérable encore : ils durent attendre jusqu'à 8 heures du soir pour voir exécuter trois vols successifs ; le dernier fut particulièrement remarquable : le biplan put s'élever à la hauteur de 25 à 30 mètres.

POSTE AUX LETTRES

L'organisation des chemins de fer permit de multiplier les attributions de la Poste. Aussi, le bureau d'Argentan, qui n'était autrefois qu'un établissement très secondaire, devint-il, vers 1860, un des bureaux les plus importants du département.

Depuis cette époque, le service postal fonctionna successivement à Argentan :

Rue Traversière, n° 18 ; place Henri-IV, n° 4 ; rue de la Vicomté, n° 3 ; rue de la Planchette, n° 26 ; rue de la République, n° 46 et place du Château.

L'installation du double service postal et télégraphique dans un même local se fit à Argentan au début de l'année 1882.

Aujourd'hui, par suite du continuel accroissement des services postaux, télégraphiques et téléphoniques, l'Administration se voit dans l'obligation de s'installer dans un immeuble plus vaste. Divers projets ont successivement retenu l'attention.

D'après le dernier, l'Hôtel des Postes serait construit dans les jardins du donjon, en bordure de la rue des Bouteilles. Ces jardins deviendraient promenades publiques et la Justice de Paix ainsi que la bibliothèque municipale seraient transférées dans l'Hôtel des Postes actuel.

En 1921, une recette auxiliaire des Postes et Télégraphes a été créée boulevard Carnot (1).

TÉLÉGRAPHES ET TÉLÉPHONES

Au temps du télégraphe aérien, qui ne servit qu'à la transmission des télégrammes officiels, Argentan fut desservi par la direction d'Habloville, annexe de la station d'Habloville qui était la 24e station de la ligne Paris-Brest.

Cette direction, qui communiquait par estafettes avec Argentan, Falaise et Caen, avait été créée vers 1825.

En 1835, sur les demandes réitérées de son directeur, M. de Conseil, elle fut transférée à Argentan ; puis, elle disparut vers 1852, époque à laquelle la télégraphie électrique supplanta dans notre région le système de Claude Chappe.

L'Etat mit alors le télégraphe à la disposition des particuliers. Argentan, pendant quelques années, fut desservi par la poste de sa gare.

En 1861, après de longs pourparlers entre l'administration et la municipalité, celle-ci aménagea un bureau télégraphique au premier étage du bâtiment communal actuellement occupé par les écoles.

En 1881, on transféra ce bureau dans l'immeuble où nous le voyons aujourd'hui.

---

(1) Voir notre *Histoire de la Poste à Argentan.*

Vers 1900, le téléphone y fut, à son tour, installé (1).

JOURNAUX

En 1802, le sieur Marre, imprimeur, fonda une maison à Argentan, où, comme on l'a vu, Bouquet, de Falaise, n'avait pas réussi.

Marre fut plus heureux que son prédécesseur.

Barbier, son gendre, lui succéda et resta plus d'un demi-siècle à la tête de cet établissement auquel Argentan dut son premier journal.

Il commença à paraître en 1808 et s'appela successivement : « Journal du deuxième arrondissement de l'Orne », « Affiches, annonces et avis divers d'Argentan », « Journal judiciaire et commercial de l'arrondissement d'Argentan », « Le Patriote de l'Orne » (dirigé par Moisson, gendre de Barbier. L'imprimerie se trouvait alors place Henri-IV), « Le Journal d'Argentan » et (en 1852) « Le Journal de l'Orne ».

INAUGURATION DU MONUMENT DE MÉZERAY (2)

Elle se fit avec une grande solennité le 16 septembre 1867. D'un style simple et grave, le monument, dû au ciseau du sculpteur Leharivel-Durocher (de Chanu, Orne), fut érigé sur la place de l'Hôtel-de-Ville. Le buste, en marbre blanc, de Mézeray, cons-

(1) Voir notre *Histoire de la Télégraphie à Argentan.*
(2) Né à Ri (1610-1683), auteur d'une *Histoire de France.*

16

tituait la partie supérieure du monument. Ce buste reposait sur un socle supporté par un piédestal. Cette dernière partie était ornée d'un médaillon représentant les frères du célèbre historien. Des statues allégoriques de l'Histoire et de la Vérité, s'appuyant au piédestal, complétaient l'ensemble de l'œuvre. Sur la base étaient gravées les paroles célèbres de Charles d'Houay : « Nous sommes trois frères, adorateurs de la Vérité : le premier la prêche, le second l'écrit et moi je la soutiens jusqu'à mon dernier soupir » (1).

La cérémonie d'inauguration fut présidée par M. Berrier-Fontaine, maire d'Argentan, assisté de M. Patin, directeur de l'Académie française, revêtu de son costume officiel.

En 1884, ce monument fut transporté dans le jardin public et ses statues allégoriques furent supprimées.

INAUGURATION DU MONUMENT DE GUSTAVE LE VAVASSEUR (2)

Ce monument, situé place du Collège, est l'œuvre du sculpteur Leroux (d'Ecouché, Orne). Son inauguration eut lieu le 20 octobre 1899.

La cérémonie fut présidée par M. le duc d'Audiffret-Pasquier, membre de l'Académie française, assisté de M. Boschet, maire d'Argentan.

(1) Voir page 148.
(2) Né à Argentan (1819-1896), littérateur.

TREMBLEMENT DE TERRE DE 1889

Le jeudi 30 mai 1889, jour de l'Ascension, vers 8 h. 30 du soir, une secousse sismique assez violente pour laisser quelques dégâts dans les maisons appartenant au quartier du Crôissant a été ressentie à Argentan. Cette secousse n'a pas duré moins de quinze à vingt secondes. Les grondements et les trépidations qui l'ont suivie ont été constatés pendant plus d'une minute.

Pendant ce temps, on a perçu un grondement sourd et on a ressenti bien distinctement les ondulations produites sur la terre par les mouvements souterrains.

Dans les maisons, les charpentes, les planchers, les escaliers, les portes faisaient entendre des craquements inusités ; les vitres chevrotaient dans leurs fenêtres. En même temps, des tuiles, des ardoises et des briques se détachaient des toitures et des cheminées.....

Dans une auberge, des bouteilles ont été renversées et des animaux ont manifesté une grande frayeur. Dans une pharmacie, des bocaux ont été brisés. Ailleurs, une personne est sortie dehors pour voir quelle était la voiture qui passait et qui était capable de produire un tel ébranlement du sol. Dans une salle à manger, une lampe suspendue s'est mise à osciller pendant quelques instants.......................................

Un homme en train d'écrire a vu son encrier remuer tout à coup. Des gens couchés ont éprouvé une sorte de balancement dans leur lit. D'autres qui prenaient le frais dans leur jardin ont vu tout remuer autour d'eux et vaciller le banc sur lequel ils étaient assis. Mais ce

*qu'il y a de plus curieux s'est passé dans l'église
Saint-Germain où se trouvaient réunis beaucoup de
fidèles. La secousse a été très forte. Les uns ont cru
que le clocher allait s'abattre ; les autres que leurs
chaises avaient été déplacées par des voisins mal
commodes.*

*En un mot, l'émotion a été réelle et la surprise assez
grande chez les gens qui ont ressenti la commotion.*

. . . .

*Il résulte des communications faites à l'Académie
des sciences que le centre du mouvement sismique ou
de la commotion paraît avoir coïncidé avec un point
situé entre Caen et Cherbourg.*

*C'est là, en effet, ou tout au moins dans cette région,
que le phénomène s'est manifesté avec le plus d'in-
tensité.*

(Bulletins de la Société Flammarion,
année 1889, n°s 5, 6 et 7.)

Nous avons dit précédemment que des secousses
sismiques avaient été constatées à Argentan pen-
dant le XVIIe siècle. Entre celles du XVIIe siècle et
celles dont nous venons de parler d'autres, moins
fortes, y furent ressenties : deux en 1711, une vers
1860.

*
* *

Pour être complet, autant que nous le permet le
cadre de cet ouvrage, nous ajouterons les quelques
renseignements qui suivent :

L'éclairage au gaz fonctionne à Argentan depuis le 1er janvier 1867

La chapelle des Rédemptoristes date de 1872.

La caserne de 1877.

Elle fut construite sur un terrain qui était situé à l'extrémité de l'ancienne propriété des Jacobins et qui portait le nom de « Paradis ».

Ce fut en 1879 et 1880 que l'on ouvrit la rue de la République et que l'on construisit ses ponts.

L'inauguration des nouveaux bâtiments du collège eut lieu le 25 juillet 1897 sous la présidence de M. Rambaud, ministre de l'Instruction publique.

Le 20 août 1905, eut lieu l'inauguration des nouveaux bâtiments de l'hôpital.

Depuis que le méridien de Greenwich a remplacé celui de Paris, c'est-à-dire depuis l'année 1911, Argentan est la ville de France la plus rapprochée du méridien initial.

Celui-ci entre en France par le Calvados, traverse le département de l'Orne et passe près d'Argentan (9 minutes 25 secondes 6 à l'ouest de Paris). Argentan est, de toutes les villes voisines de la nouvelle ligne idéale, celle qui s'en rapproche le plus puisqu'elle n'en est qu'à 4 secondes 6. (Saluons en passant la bonne fortune qui échoit à ses 7.300 habitants.)

(Journal de l'Orne du 25 février 1911.)

En 1921, une station météorologique fut installée sur la partie supérieure du donjon. La même année, une canalisation amena jusqu'aux Trois-Croix l'eau des puits destinés à alimenter la ville et creusés sur le bord du chemin de Saint-Roch.

Argentan n'est plus l'enceinte religieuse où les druides célébraient leurs mystères et les rois ne l'honorent plus de leurs visites.

Toutes ses tours, sauf une, ont disparu, ainsi que ses remparts, ses portes et la plus belle partie de son donjon.

En revanche, nous devons reconnaître que la condition de ses habitants s'est considérablement améliorée :

Si la ville d'Argentan manque aujourd'hui de pittoresque, elle jouit d'une sérénité, d'une *aurea-médiocritas*, que « le bon vieux temps » lui refusa toujours.

Cette compensation lui était bien due !...

FIN

TABLE DES CHAPITRES

TABLE DES HORS-TEXTE

TABLE ALPHABÉTIQUE

Alençon. — Imprimerie Alençonnaise, 11, rue des Marcheries